療療誌

洪仲清與你
書寫談心

洪仲清————著

你的人生由你書寫，
而不是其他任何人

「無論你懷著多大的善意，仍會遭遇惡意；無論你抱有多深的真誠，仍會遭到懷疑；無論你呈現多少溫柔，仍要面對刻薄；無論你多麼安靜地只做你自己，仍然有人按他們的期望要求你；無論你多麼勇敢地敞開自己，仍然有人寧願虛飾出一個他喜歡看到的你。但無論如何要記住，你的人生由你書寫，而不是任何人。」

這是扎西拉姆‧多多的文字，因為她的善解，我感覺到心頭一陣暖意。我常常在自己成長的同時，也試著助人，偶爾獨行、偶爾相伴。自我探索，被我當成是這輩子的功課，或許，我也可以邀請讀者們參與，我們各自認識自己，又彼此分享？

那麼，我們藉著處於孤獨，手寫我心，就是一種方便、隱私的方式。我們常常可以透過書寫，寫出我們沒有覺察的、被忽略已久的自己，然後重新拼湊起對我們自己的認識。也漸漸意會到，我們最早是從哪裡出發，然後經歷了什麼事，所以把自己的人生，寫成了現在這個樣子?!

寂寞的人常會感嘆，沒有人了解自己。不過，如果連我們自己對自己都沒下功夫好好認識，沒有一股活潑潑的好奇去探索模擬，那我們憑什麼要別人對我們感興趣？

「如果可以接受自己也不那麼完美，就不用忙著去粉飾了；如果可以承認自己並不那麼偉大，就不用急著去證明；如果可以去放棄自己的種種成見，就不用吵著去反駁了；如果可以不在乎別人怎麼看自己，就不用哭著去申訴了；如果可以慢半拍，靜半刻，低半頭，就可以一直微笑了。」

扎西拉姆‧多多提醒我們，可以先從接受自我開始，承認自己的不完美，那就有機會可以從容面對他人的誤解，乃至拈花微笑。然而，要能接受與承認自己的脆弱，我們需要進入一個只有自我的時空，專心致志地，透過自問自答，藉著沉澱讓自己越來越清晰。

旁觀者清，陷入則容易迷失。將自己的樣子，藉著文字一筆一筆地刻劃，我們得以跳脫某些執著，看著躍然於紙上的自己，進行深度的交流。把活在他人口中的自己，暫時拉回到自己心裡，只靠自己好好地活。

我們常在群體中，被眾人影響著，有著群體的思維。只有透過獨處，我們能產生自己獨特的想法，源自我們每個人獨特的處境。如果我們的想法磨得清晰光亮，我們就不至於在進入群體之後，那麼輕易地被淹沒了自我。

把我們自己整理好，於是，我們能在關係中得到勇氣。

「如果有人因為你的一個片面，就認定了你的全部，你不必竭力向他證明你自己 —— 輕易就把你認定的人，其實對你的其他面向根本就不好奇。」

他人輕易地就把我們認定了，通常是帶著負面的標籤，讓我們非常在意。我們在意對方的言語，對方可能根本對我們沒有同等的在意，甚至漠視我們的情緒，那我們又何必狼狽地想辯解、證明。這是扎西拉姆‧多多的文字，給我們的啟發。

自我感模糊，是一些心理困擾的因與果。別說無法產生自信了，不認識自己，通常也很難認識別人，所以常會做出一些讓自己後悔的決定，猶豫畏縮，因此而被吸引過來的人，很可能想藉機佔點便宜，剝削利用一番。

此外，如果連我們都看不清自己，那他人的偏頗定義，就容易讓我們自我懷疑。我們能不能善待自己的身心與情緒，溫柔照撫內在曾經受過傷的小孩，尋找在友情與愛情中曾經出現過的自我切面，這每一分努力，讓我們越發累積成一種篤定。

憑藉著這些深耕內省的篤定，我們能心口合一地溝通，從多元面向來看待我們遭遇的困境，能以更柔軟的思維，去理解他人與寬解自己的心，緩步走向跟他人、跟自己的和解。然後，除了沉溺在人性的幽暗裡，我們不忘把眼光望向我們彼此的努力，感恩所有並誠心祝福。

我把我跟許多朋友曾有過的對話，換個方式，盡可能用問答來串成一套完整的邏輯，期待讀者藉此獲得頓悟，跟自己產

生連結。《療癒誌》這本書的內容，我先用電腦大致打了一遍，再大部分重新親手寫了一遍，還盡可能突破自己的心理障礙，畫了不少小學生程度的插畫，再轉由編輯請插畫家參考創作。然後邊寫邊向我的內心反覆叩問，所以交稿期限拖了又拖，可以說《療癒誌》是至今讓我最費力的一本書。當然，自我的心智鍛鍊，也讓我收穫豐碩。

　　我多麼希望，不是只有年輕人才會認為自己有必要學習如何待人待己，而是每個人都可以抱著終身學習的態度，年紀大的人一樣也有不少潛力，尤其正是人生經驗豐富的時候，需要將片段與零散的記憶，妥善地歸納整理。老樹也能開花結果，有時候結出來的果實還特別甘甜，那是因為樹木不會認為自己年紀老大，就可以停止成長。

　　期待從我對您提問的型式出發，讓每個答案成了起點，再各自變成一條往內心深處走去的道路，然後開拓您所認知的世界。透過書寫，又像是日記，我們不斷翻新我們對自己的定義，療癒我們在成長過程中難免會經歷的苦痛與傷心。

日期：　　　　　　　　·最近什麼事讓我們一則以喜一則以憂？

同樣的問題，常常可以再多一種方式想。其中一種方式，是假設問題已經解決了，從結果再倒回來思考。我們可以沿用上一個問題，或者再想個新的問題來自問：

① 「假設有一天，一覺醒來突然發生了一個奇蹟，問題解決了，那有可能是發生了什麼事？」

_____

_____

② 「假如在你前面有一顆水晶球，你已經看到了美好的未來，你猜你看到了什麼？」

_____

_____

③ 「如果我們走出大門，問題就解決了一大半，那是因為我們自己有什麼不同了？」

_____

_____

我們再用另一種方式，體驗情緒的強度。

以生氣為例子，假設我們對某個人生氣，

可以有五級，那會是怎麼樣？

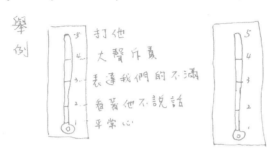

舉例

我們最必的生氣，通常是到那一級？（請塗色）

常生氣到這一級，有達到我們所想，

要的效果嗎？（請塗色）

生氣有用，也要考慮副作用

如果生氣沒用，可以
考慮其它方式喔！

CONTENTS

書寫作為一種「自療工具」，回溯生命旅程的來時路，
讓我們用更溫和的方式，跟過去的眼淚講講話，
讓以前流過的淚把背後的故事說清楚，然後緩緩擦拭，
帶來讓我們驚喜的禮物。

CHAPTER 1

靜　心
與
身體覺察

靜心是有知有覺的生活，
練習不思考，回到感官層次。
從身體經驗覺察起，再重新出發。

靜心自我對話

　　他忙得不可開交，跟我說，好累，都沒時間休息。我說，越忙，越要找時間靜下來。他覺得邏輯矛盾，忙都忙到沒時間了，為什麼還要花時間靜下心，我跟他細說分明。

　　單純以時間管理來說，可以根據「重要性」與「急迫性」，分成四個象限。我們大部分瞎忙的事，常是「急迫但不重要」，以及「不急迫且不重要」的事。因為急迫的事，讓我們有焦慮感，感覺不完成不行。然後為了消除壓力，會進行一些事來自我分心與轉移，通常是小事或雜事，這些事不見得重要，又沒那麼急迫。

　　再進一步深入從情緒來討論，有些學生，壓力大到沒辦法念書。雖然念書是重要的事，但是就是沒辦法去進行，即使打開書，也看不進去，腦袋一直在神遊。壓力最大的時候，可能會傷害自己，壓力不那麼大，但又妨礙生活，就會用拖拖拉拉的狀態出現。

　　所以明知道事情重要，但不去做，然後合理化自己不去做的理由，給自己設下障礙，在心理學上已經是被探討很多次的主題。沒有覺察，常一直浪費時間，或者一直利用身體的疲憊，去壓抑某些重要但無法處理的感受。

　　像是有人的家庭生活不順心，就更是投入工作。然後弄得自己

很累，又藉著咖啡因刺激自己，能暫時提升心情，但透支體力。

他會心一笑，但沒說什麼，我只好繼續說。

所以，有人一忙起來，就是不想去想某些事。然而，他不想面對的事，往往是重要的事。譬如說，通常跟家人維繫關係，就是重要的事。

我們的目標，是平常持續有在做「重要但不急迫」的事，能縮小「重要且急迫」的事。如果跟家人維繫關係，平常就有在做，那麼就比較不容易跟家人之間的關係發生危機，進入急迫的狀態。

然後，要盡可能狠心砍掉「急迫但不重要」與「不急迫且不重要」的事。不過，通常我們狠不下心，所以最後我們會相對花比較少的時間，去做重要的事，自己造成自己的壓力。

有些人，一定要把重要的事擺在最後，讓它拖到有急迫感。然後透過急迫感，逼使自己趕快拿出表現，當成一種動機。有時候這能提升表現，但是開天窗的機率也大增。

心靜下來，才有可能產生自我對話。尤其是感覺「忙」的時候，更是要問自己，現在正在進行的事，重要嗎？急迫嗎？不做會怎麼樣啊？

時間管理的重點，常常在簡化不必要的步驟。簡單來說，就是學會對他人，更重要是對自己，懂得說「不」。說「不」之後，那種不甘心，或者捨不得的情緒，更是可以試著用靜心去消化。

他開玩笑地說，他們公司應該找我去演講。我則很誠心回答，這方面，我不是專家，我只是三腳貓。但是因為時間管理，跟情緒

與壓力管理，有些關係，所以多少要知道一些原則。

　　以我的觀察來說，太多人把大量時間花在抱怨。把時間投資在抱怨，投報率很高，將來常會有越來越多抱怨，把生活本身的時間都給擠掉了。太常做不重要且不急迫的事，常會讓我們沒事找事。

請試著歸納身邊的大小事：

	急迫	不急迫
重要		
不重要		

現在身體什麼部分最緊繃？

它能放鬆嗎？

　□ 可以

　□ 不可以

如果1是最放鬆，5是最緊張，現在是：

　　　1　2　3　4　5

如果不能，可以先讓它更緊張、
更用力些，再試著放鬆、再放鬆。
它有比之前還放鬆嗎？

　□ 沒有

　□ 有

如果1是最放鬆，5是最緊張，現在是：

　　　1　2　3　4　5

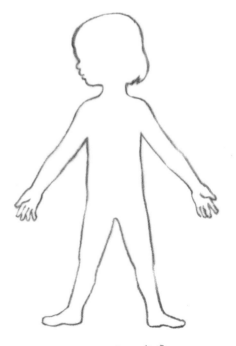

請把身體痠痛
的部分塗色

註：本書所有圖說均為洪仲清老師親筆書寫

今天什麼時候試著深呼吸？

□ 早上，幾次 _____
□ 下午，幾次 _____
□ 晚上，幾次 _____

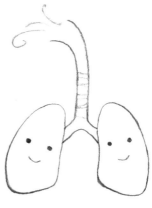

讓空氣經由
氣管進入肺部

當空氣進入氣管的時候，
有什麼感覺？

□ 沒感覺
□ 涼涼的
□ 膨脹感
□ 其他 _____

 坐著閉上眼睛或微微張開5分鐘，
不發出聲音，不做任何事，有什麼感覺？
（請塗色）

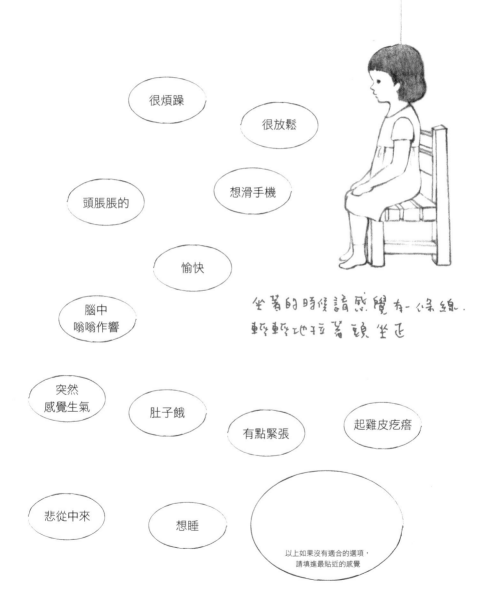

很煩躁

很放鬆

頭脹脹的

想滑手機

愉快

腦中
嗡嗡作響

坐著的時候請感覺有一條線，
輕輕地拉著頭坐正

突然
感覺生氣

肚子餓

有點緊張

起雞皮疙瘩

悲從中來

想睡

以上如果沒有適合的選項，
請填進最貼近的感覺

1 7

所謂的未來，是由每一個「此時此刻」累積而來，
那麼此時此刻，
我們能做什麼讓自己感到平靜5分鐘的事？

深呼吸

微微一笑

盯著天上變化
多端的雲

想像一個畫面

用極慢的
速度喝水

請發揮創意，
填上其他適合的方法

連續跳繩一分鐘，
然後慢慢吐氣坐下來

看手機裡的照片：
小孩、寵物、風景…

聽某一段
自己喜歡的音樂

到公園
聽風的聲音

請發揮創意，
填上其他適合的方法

請發揮創意，
填上其他適合的方法

用力握拳到極限然後放
鬆，體驗肌肉緩緩舒開
來的感覺，可重複幾次

請發揮創意，
填上其他適合的方法

平靜是可以練習與累積的，
大自然常是可以練習的對象。
請問（請打勾）

☐ 今天有曬到太陽嗎？ _____

☐ 有觀察雲的變化嗎？ _____

☐ 有注意到月亮與星星的出現嗎？ _____

☐ 風從臉上滑過是什麼感覺？ _____

當天空出現像棉花糖的雲，
我常先在臉書看到

請問有什麼東西，平常我們很難離開超過半小時？

（請打勾）

☐ 手機　　　☐ 電腦　　　☐ 影像輸入

☐ 某種聲音，像是：○音樂　○別人的說話聲　○自己的說話聲

☐ 網路　　　☐ 眼鏡　　　☐ 錢包

☐ 衛生紙　　☐ 某個空間　☐某個人

☐ 其他 _____

當我們情緒太多，
就需要一一釐清，
透過書寫、述說、藝術來整理，
把一直格格不入的回憶，
安放在生命的脈絡裡。

📅 日期：_____

今天有感覺到太陽的暖意嗎？ □有 □無

✏️ **如果規劃一個時間，意識清醒地離開這個東西半小時，**
會有什麼感覺？（請塗色）

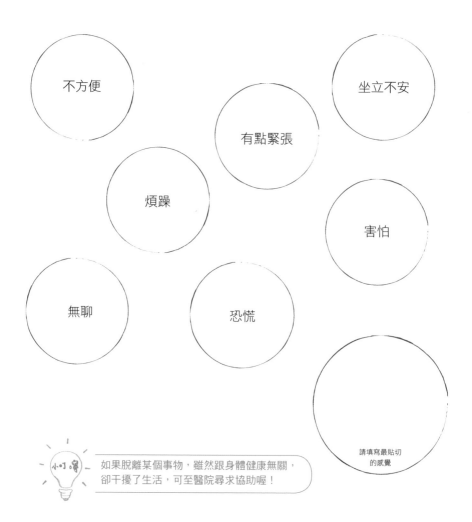

不方便

坐立不安

有點緊張

煩躁

害怕

無聊

恐慌

請填寫最貼切
的感覺

💡 小叮嚀 如果脫離某個事物，雖然跟身體健康無關，
卻干擾了生活，可至醫院尋求協助喔！

日期：＿＿＿＿＿＿＿＿＿＿

今天的雲是什麼樣子？＿＿＿＿＿＿＿＿＿＿＿＿＿＿＿＿＿＿＿

 今天睡得怎麼樣？（請打勾）

☐ 根本沒睡，累死了

☐ 睡睡醒醒，翻來覆去

☐ 還可以，但總想著假日要補眠

☐ 有睡飽，睡到自然醒，全身疲勞盡去

睡眠除了影響健康、氣色、大腦的運作效率，也影響心情。今天的睡眠品質，對心情有什麼影響？（請塗色）

✏️ **今天把什麼吃下肚？**（請打勾）

☐ 膳食纖維

☐ 油膩膩的肉

☐ 沾了一點點醬油的荷包蛋

☐ 熱牛奶

☐ 其他 _____

每餐 7～8 分飽，
健康又省荷包

✏️ **我們為什麼要吃東西呢？**（請塗色）

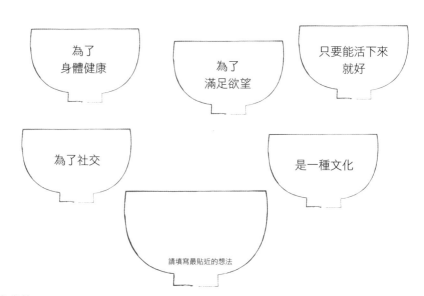

為了
身體健康

為了
滿足欲望

只要能活下來
就好

為了社交

是一種文化

請填寫最貼近的想法

日期：＿＿＿＿＿＿＿＿＿

今天睡得好嗎？＿＿＿＿＿＿＿＿＿＿＿＿＿＿＿＿＿＿＿＿＿＿＿＿＿＿＿

我們對飲食的價值觀，如何影響我們？（請打勾）

☐ 把食物當成轉換心情的方法之一

☐ 常吃不健康的食物，有罪惡感，但又忍不住想吃

☐ 偶爾會吃得很撐，身心都不舒服

☐ 花很多時間在飲食活動上，像是找有名的餐廳、看美食節目、寫
食記……

☐ 會特別控制食量，除了保持體態與維護健康，更讓我們有清醒的
頭腦，幫助工作與學習

☐ 想到才吃，有什麼吃什麼

☐ 一定要找人一起吃飯，要不然會覺得很悲哀

☐ 覺得很感恩，在很多人的努力下，才能讓我們吃到一頓飯

☐ 其他＿＿＿＿＿＿＿＿＿＿＿＿＿＿＿＿＿＿＿＿＿＿＿＿＿＿＿

心境轉變環境，
甘願之後，會有那麼一瞬間，
體會到凡事無不可愛。

✏️ 我們做很多事都不專心，因此心難靜。
今天吃飯的時候，同時做了幾件事呢？（請打勾）

☐ 傳訊息　　☐ 看社群網站

☐ 聽音樂　　☐ 追劇

☐ 打電動　　☐ 看報紙

☐ 聊天　　　☐ 其他＿＿＿＿＿＿＿＿＿＿＿＿＿＿＿＿

✏️ 如果一天找一餐飯，專心且滿懷感恩地完成，不只消化
比較好，也比較容易飽足與滿足。這樣一餐飯，大約花
多久時間呢？（請塗色）

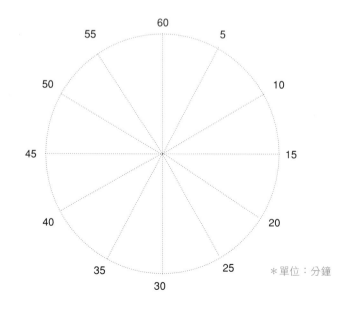

＊單位：分鐘

如果用我們平時二分之一的速度走路，
會有什麼感覺？（請打勾）

☐ 太無聊

☐ 胡思亂想

☐ 輕鬆

☐ 呼吸緩和

☐ 越來越急

☐ 其他 _____

一次只走一步，
注意腳掌提起
與落下的感覺

 如果在時間充裕的情況下，不管是快走或漫步，我們可
以練習多注意腳步的移動，減少注意腦海中浮現的意
念。心神集中無雜念的時間，估計有多久？（請標記）

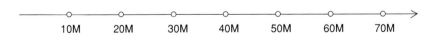

10M　　20M　　30M　　40M　　50M　　60M　　70M

＊M＝分鐘

靜下來，就可能會產生某些自我對話，
就可能在情緒方面更敏銳，
就可能有些微弱的聲音，終於被聽得清楚，
開始有能力指引自己的行為。

CHAPTER 2

情緒辨識
與
共　處

不管我們有沒有注意到，
或者一直壓抑著情緒，
它就在我們的身心裡。
讓我們試著認識它，
跟它當好朋友，
它能豐富我們的生命。

情緒跟行為可以適度脫鉤

　　跟一些朋友，談到情緒的接納。雖然討論的題目跟「情緒管理」有關，可是，若把情緒當成一個虛擬的人，我還是期待平等對待，尊重並同理，不太是那種「管理」的論調。

　　情緒是不是自己的？有可能不是！

　　譬如，走出家門，突然有機車騎士在我面前急煞車，嚇了我一跳，有些驚慌。這個驚慌，是由外境引發，並非在我們自主意識控制的範圍，我們的內在只是隨著波動而已。

　　接下來，我們可以選擇如何回應這個「驚慌」，而不是任由這個驚慌，在我們腦中引起一波又一波的思緒，可能責怪、咒罵……然後招來更多烏煙瘴氣，又影響下一個行程的表現。有可能在心裡面一直想，等一下遇到誰誰誰，要跟他講，「剛才齁，有個馬路三寶，很糟耶……」

　　以我為例，如果是我遇到這樣的狀況，首先會覺察我內在的情緒。如果正在走路，我會試著配合我的腳步調息，上半身放鬆，去意識我腦海有什麼想法浮現。如果可以坐下來，偶爾會試著稍稍閉一下眼睛，身體輕輕地動一動，不去滑手機、不特別想什麼，讓剛剛殘留在我心裡的情緒與思緒自然地存在著，變化、沉澱，這對我

來說，就是情緒的接納。

　　當然，很多時候只有零碎時間，我就盡可能把握。但是「意識」到它的存在，跟它保持某種距離，那是很重要的心理動作。這會讓我盡可能不使用這個狀態，去面對下一件事。

　　從反方向來說，如果我沒做這樣的動作，我也很有可能因為心裡積累一些情緒，更快地被下一個人引發煩躁的感覺。或者，是這些心裡沒來得及消化的情緒，會讓我更有可能把他人的中性行為，解釋成惡意。

　　我也跟朋友們聊到，當我們狀況不好，或感覺壓力大的時候，常會去做「想做」，而不是「該做」的事。如果我們沒跟這樣的狀態或者壓力感保持一定的距離，那我們就會花長短不等的時間，去執行想做的事，像是吃東西、買東西，沒事找事做。可是，花時間做想做的事，常進一步造成我們的壓力，而不見得是紓壓。

　　其實，如果我們感覺壓力大，反而可以考慮稍稍違反人性，去做「該做」的事。我們當下該做什麼，如果不受我們內在狀態影響的話？該吃就吃，該睡就睡，該工作去工作，讓理性當家。該做的事多做，反而壓力會自然減輕，或者被消化。

　　情緒一直是我們的朋友，幫助我們很多。我們善待它，讓它跟我們一起往前走——這是我用我習慣的方式，把過去的「修身養性」換句話說。

　　感恩我的工作，讓我有機會在這種議題上，能做出我的貢獻。一邊跟人討論，一邊自我提醒，共同成長。

✏️ 要跟情緒相處，起碼要先知道它們的名字。
今天我們有什麼情緒呢？（請塗色）

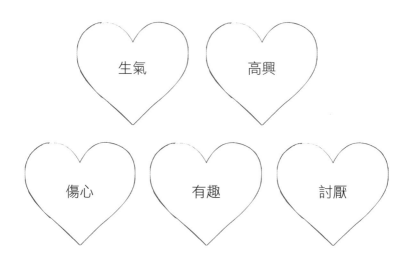

生氣　　高興

傷心　　有趣　　討厭

✏️ 是什麼事，讓我們有這樣的情緒？（事件→情緒）

＿＿＿＿＿＿＿＿＿＿＿＿＿＿＿＿＿＿＿＿＿＿＿＿＿＿＿＿＿＿＿＿＿

＿＿＿＿＿＿＿＿＿＿＿＿＿＿＿＿＿＿＿＿＿＿＿＿＿＿＿＿＿＿＿＿＿

＿＿＿＿＿＿＿＿＿＿＿＿＿＿＿＿＿＿＿＿＿＿＿＿＿＿＿＿＿＿＿＿＿

＿＿＿＿＿＿＿＿＿＿＿＿＿＿＿＿＿＿＿＿＿＿＿＿＿＿＿＿＿＿＿＿＿

一般我們會以為，是「事件」導致「情緒」。

事實上，常是「事件→想法→情緒」。

那麼，我們是怎麼詮釋這個事件呢？

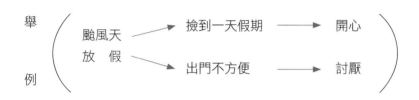

當我們對同一件事，有了不同想法之後，情緒就變複雜了。

我們試著找一件最近常掛在心頭上的事，

體驗一下內在有什麼樣的複雜情緒？（請塗色）

要有好的自我概念，
必須努力地自我探索，時時內省，踏實追求。

這是一個可以常重複的練習，同一個事件，
我們可以用正、反兩面解讀，或者逆向思考。
經過練習之後，情緒可以淡一點，視野也比較全面。

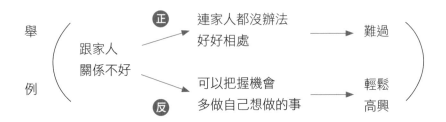

舉

例

跟家人
關係不好

正　連家人都沒辦法
　　好好相處　　　　→　難過

反　可以把握機會
　　多做自己想做的事　→　輕鬆
　　　　　　　　　　　　　高興

✏️ 也有可能，我們是先在一種情緒狀態裡，遇到事件，容易出現符合情緒狀態的想法。像是我們遇到一個能投射愛戀情感的對象時，我們很可能在腦海中會浮現「我願意付出我的所有」的想法。我們在憂鬱的時候，常會出現跟自責、愧疚、罪惡感相關的想法。當我們練習覺察，正緊張在趕時間的時候，會有什麼想法出現？（請打勾）

□ 會不會有東西忘了帶啊?!

□ 偏偏選這個時間給我找麻煩

□ 為什麼不提早一點

□ 快來不及了

□ 每次都落東落西的

□ 奇怪，怎麼要找的時候就找不到

□ 其他 _____

📅 日期：＿＿＿＿＿＿＿＿＿＿

今天的雲長什麼樣子？＿＿＿＿＿＿＿＿＿＿＿＿＿＿＿＿＿＿＿＿

🖊 **當我們趕時間的時候，通常腦海中會浮現跟煩躁或生氣相關的想法，因為那是動員了我們的生存本能，讓我們進入了壓力反應的生存本能，當我們進入了壓力反應的歷程，需要一段時間才能平復。最近我們一心急，大概要花多久才能靜下心來？（請塗色）**

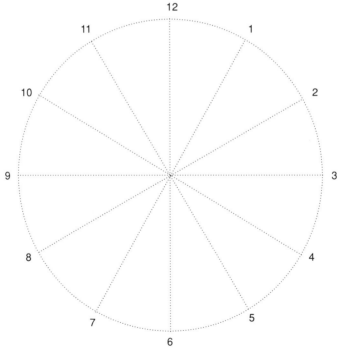

＊單位：小時

✏️ 當「從容」回到心中的時候，有些比較淡的正面情緒，才比較有機會浮現。這些比較淡的正面情緒，雖然相對於我們平常接受的強烈感官刺激，顯得好像容易被忽略，可是細細體驗這些淡淡的正面情緒，也可以讓它停留久一點，能夠稀釋我們生活中的各種壓力。我們最近，體驗過什麼樣的正面情緒呢？（請塗色）

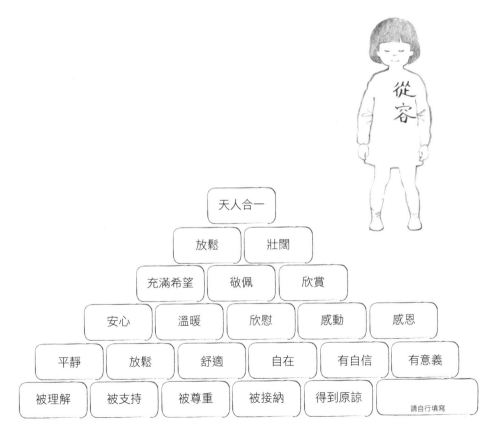

天人合一

放鬆　壯闊

充滿希望　敬佩　欣賞

安心　溫暖　欣慰　感動　感恩

平靜　放鬆　舒適　自在　有自信　有意義

被理解　被支持　被尊重　被接納　得到原諒　請自行填寫

當我們在懼怕裡自在了，
其實正要開始重新接觸自己，看清前方，跨步邁進。

✏️ **情緒也可以用頻率、強度、持續時間的角度去看，像是「天人合一」感，常常是我們在登山，或者是非常沉靜的時候，在某一剎那會感覺到，我們是整個世界的一部分，「自我」暫時地消融了。這種感覺出現的頻率比較低，有時候會很強烈、有時候又很淡，持續時間可以很久。如果用情緒的強度來看，不同情緒的強度各是怎麼樣？（請塗色）**

生氣 0 ⌷_____⌷ 100

難過 0 ⌷_____⌷ 100

高興 0 ⌷_____⌷ 100

害怕 0 ⌷_____⌷ 100

有趣 0 ⌷_____⌷ 100

討厭 0 ⌷_____⌷ 100

_____ 0 ⌷_____⌷ 100
（請自行填寫）

_____ 0 ⌷_____⌷ 100
（請自行填寫）

_____ 0 ⌷_____⌷ 100
（請自行填寫）

📅 日期：＿＿＿＿＿＿＿＿＿

今天風吹過臉頰是什麼感覺？＿＿＿＿＿＿＿＿＿＿＿＿＿＿＿＿＿＿

🖊 我們再用另一種方式，體驗情緒的強度。
以生氣為例子，假設我們對某個人生氣，
可以有5級，那會是怎麼樣？

舉

例

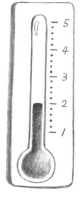

5 — 打他

4 — 大聲斥責

3 — 表達我們的不滿

2 — 看著他不說話

1 — 平常心

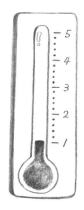

🖊 我們最近的生氣，通常是到哪一級？（請塗色）

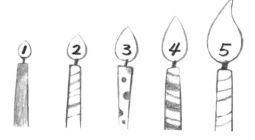

我喜歡在身體有負面感覺的時候，
調整到轉速二分之一的生活，排掉想要但不需要的事。
有時候，我會慢慢察覺，是什麼原因造成了我的疲倦。

常生氣到這一級，有達到我們所想要的效果嗎？
（請塗色）

生氣有用，也要考慮副作用

如果生氣沒用，可以考慮其他方式喔！

✏️ 有空的時候，我們來體驗情緒的持續時間。
如果在一個安靜不受干擾的空間裡，
它會持續多久？強度會如何變化？

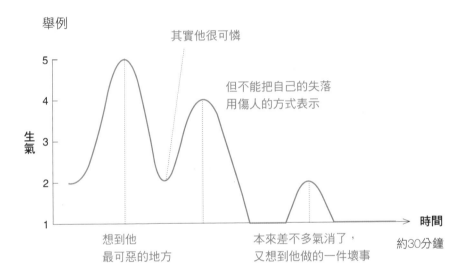

舉例

其實他很可憐

但不能把自己的失落
用傷人的方式表示

生氣

時間

約30分鐘

想到他
最可惡的地方

本來差不多氣消了，
又想到他做的一件壞事

時間

夜闌人靜時，
想想今天自己有什麼地方對不起別人、對不起自己，然後真誠地道歉。

CHAPTER 3

原生家庭
與
內在小孩

「我們不見得為人父母，
但我們都曾經是小孩。」

家庭是我們接觸的第一個團體，
跟父母（或其他重要他人）的相處，
常是我們最開始的關係。
家庭對我們的影響深遠，
我們的人格養成、人際互動模式、面對情緒的處理方式，
常在家庭中已經有了雛形。

比吃科學麵幸福的事

本來，我已經準備好要吃科學麵了。沒想到，發生了比吃科學麵幸福的事。

最近一個朋友跟我討論，她覺得她已經不再是一個小女孩了，是一個成熟的大人了，為什麼遇到事情還是那個樣子？

我說，我雖然年紀也不小了，可是，我覺得我內在還有一個小孩。在我們的父母離開這個世界之前，我們作為父母的子女，這個角色說不定是我們扮演最久的角色。

我們不是只有一個我，用各種角色切開來看，都可能有一個我，都可能有要被滿足的部分。我是個孩子氣很重的人，年紀一大把了，還偶爾喜歡吃科學麵（我其實這幾年還買過小時候吃的嗶嗶糖、跳跳糖）。

有時候，就是要讓內在小孩出來透透氣。或者說，跟每個不同的我講講話，有沒有什麼，是內在靜定的我，可以幫得上忙的地方？

科學麵，現在我喜歡先在袋子裡面捏碎，打開袋子倒到碗裡，細細碎碎地，用湯匙一口一口吃，然後聽著嘴裡清脆的碎裂聲，像轟雷那樣。以前我小時候的時候，求方便，喜歡整塊吃，捏碎不方

便，我還要加調味包（是叫胡椒鹽嗎？）。

小時候也許不是吃不起，但買東西沒有現在方便，也沒什麼零用錢。其實零食沒有很常吃，玩具好像也不多。其實我也沒那麼確定，小時候的事，我的印象很模糊，但感覺有些零碎的遺憾，有著細細瑣瑣的聲音，聽不那麼清楚。

科學麵，在一個沒事的空檔，我已經捏得很碎了，正倒到碗裡，沒加調味包，旁邊放著解渴的開水。我的內在小孩已經完全佔領了我，準備開吃了，流口水中⋯⋯

一個孩子晃悠晃悠地過來，他說，他也要吃。我的內在小孩馬上「退駕」，我是個「大人」的部分立即現身，這個角色很頑固，他就是想對孩子好，有孩子在，他是不會放鬆的，這點我知道的一清二楚，所以換他上場（反正他也不會退場的，不過板凳球員裡面，當時也沒有比他更適合的人選了）。

「大人」跟孩子交換條件，要跟孩子一起讀完一本書，才可以一邊吃科學麵。「大人」做事很囉唆，還要幫孩子熱一杯牛奶。然後，孩子邊吃科學麵、邊看書、邊喝牛奶，孩子雖然沒有表現出很享受的樣子，但顯然很投入在書裡面的內容，偶爾嚼得起勁，再喝點牛奶去除乾燥的感覺。

我的內在小孩，跑出來跟「大人」說，這是比吃科學麵還幸福的事，謝謝「大人」，讓這個畫面出現。雖然我一口也沒吃到，可是，孩子每吃一口，我也在心裡面跟著吃一口。

我本來要藉著科學麵，跟我的過去連結，懷念某些陳舊泛黃的

時光。沒想到，孩子出現，我得以把我想要的畫面重現。是我覺得幸福，是我覺得平靜與愉悅，只是這個過程，讓孩子也順便得到了好處。

這是為孩子犧牲與付出（因為我一口科學麵都沒吃到）？不完全是這麼一回事！

以前我也許不見得這樣被對待，但我現在有能力這樣對待人。我，自我感覺良好。

我的內在小孩，知道我這個人，不會忘了他。不過，這次他不想吃科學麵了，他想吃師大夜市裡面用滷的王子麵，還特別指定要燈籠滷味的醬汁。小時候雖然沒吃過，長大之後吃，驚為天人，內用的時候是一大盤，看起來份量嚇人。

沒問題，我跟內在小孩的長久信任，就是這樣培養起來的。他想要的，我會傾聽，然後盡量在能力之內滿足。基於這樣的信任，他可以延宕一點也沒關係，情緒也還穩定。他也知道，有需求不用怕表達，我就算沒辦法完全用他想要的形式滿足他，也會找替代方案，然後，手牽手，一起享受。

讓我們用長大後更成熟的眼光，聽清楚內在小孩嘗試告訴我們的故事，重新省視過往，靠我們用歲月淬鍊出的能力，自行彌補我們幼年的傷痛。

✏️ **我在家中兄弟姐妹排行第幾？**

這個排行如何影響我們？

（像是，我是老大，所以常被要求家裡有事就要主動去做。）

＿＿＿＿＿＿＿＿＿＿＿＿＿＿＿＿＿＿＿＿＿＿＿＿＿＿＿＿＿＿＿＿＿

＿＿＿＿＿＿＿＿＿＿＿＿＿＿＿＿＿＿＿＿＿＿＿＿＿＿＿＿＿＿＿＿＿

＿＿＿＿＿＿＿＿＿＿＿＿＿＿＿＿＿＿＿＿＿＿＿＿＿＿＿＿＿＿＿＿＿

＿＿＿＿＿＿＿＿＿＿＿＿＿＿＿＿＿＿＿＿＿＿＿＿＿＿＿＿＿＿＿＿＿

✏️ **我們跟主要照顧者之間的關係如何？**

（所謂主要照顧者，可以是父母、祖父母、或其他親人）

☐ 親近　　☐ 又愛又恨　　☐ 很久沒見面了

☐ 疏遠　　☐ 有壓力　　　☐ 一個想靠近，一個想逃離

☐ 常衝突　☐ 能信賴　　　☐ 很害怕跟人談到這件事

☐ 起起伏伏　☐ ＿＿＿＿＿＿＿＿＿＿＿（請自行填寫）

✏️ **家人之間，有沒有清楚的重要性排行？**

（像是，爸爸＞媽媽＞弟弟＞我）

＿＿＿＿＿＿＿＿＿＿＿＿＿＿＿＿＿＿＿＿＿＿＿＿＿＿＿＿＿＿＿＿＿

＿＿＿＿＿＿＿＿＿＿＿＿＿＿＿＿＿＿＿＿＿＿＿＿＿＿＿＿＿＿＿＿＿

今天我們緊張之後，多久才完全靜下心來？ _____

🖊 **主要照顧者有沒有常拿我們跟手足、鄰居、**
或者親戚比較？

☐ 沒有，主要照顧者常讓我們感覺，我們是獨一無二的存在

☐ 沒有，也不清楚為什麼

☐ 有， _____

_____

_____

🖊 **我們小時候在家庭裡看到的婚姻，**
讓我們現在對婚姻有什麼看法？

☐ 對愛情與婚姻很憧憬

☐ 沒什麼感覺

☐ 特別想建立一個新家庭，完全用我們的觀念經營，彌補我們過去
　沒辦法得到的

☐ 談戀愛就好，不想結婚

☐ 恐懼婚姻，沒信心能經營好關係

☐ 其他 _____

_____

_____

旅行、出遊，到外面走走。
離家，常是為了找到回家的路。

上一次感到寒心，是什麼時候？＿＿＿＿＿＿＿＿＿＿＿＿＿＿＿＿＿＿＿

🖊 **我們最近如意或不如意的事，**
有沒有哪一件跟主要照顧者特別有關？

_____

_____

_____

_____

_____

_____

🖊 **我們有什麼樣的家庭儀式，對家人有特別的意義？**
（像是過年、中秋節，是家族固定聚會的日子）

_____

_____

_____

_____

_____

_____

上一次感覺被理解，是什麼時候？_____

✏️ **在華人社會，有些議題特別會牽動家人之間的情緒，像是學業與性別教育。關於學業這件事，主要照顧者最常對我們說的類似的話是什麼？**

☐ 「功課寫完了沒？」

☐ 「考得怎麼樣？」

☐ 「怎麼這麼粗心！」

☐ 「連這題都寫錯，你是腦袋裝大便嗎？」

☐ 「知道錯在哪裡就可以了！」

☐ 「讀累了就休息！」

☐ 「花這麼多錢讓你補習，都浪費了！」

☐ 「以前小時候我都沒這個機會讀書，現在你有機會還不好好念！」

☐ 其他_____

_____

_____

_____

_____

✏️ **回想起在學業方面，主要照顧者對我們說的話，現在我們有什麼想法與感覺？**

☐ 感覺自己的人格，被成績評價了

☐ 其實主要照顧者，在意我們的成就甚於我這個人

☐ 感謝以前被這樣督促，我才有現在的成就

☐ 感謝在這方面從來沒被要求，可以有充分的自由

☐ 以前在學業上浪費太多時間，出社會之後根本用不到

☐ 實力比學歷重要

☐ 真正重要的事，學校常沒有教

☐ 其他＿＿＿＿＿＿＿＿＿＿＿＿＿＿＿＿＿＿＿＿＿＿＿

＿＿＿＿＿＿＿＿＿＿＿＿＿＿＿＿＿＿＿＿＿＿＿＿＿＿＿＿＿

＿＿＿＿＿＿＿＿＿＿＿＿＿＿＿＿＿＿＿＿＿＿＿＿＿＿＿＿＿

＿＿＿＿＿＿＿＿＿＿＿＿＿＿＿＿＿＿＿＿＿＿＿＿＿＿＿＿＿

＿＿＿＿＿＿＿＿＿＿＿＿＿＿＿＿＿＿＿＿＿＿＿＿＿＿＿＿＿

📅 日期：＿＿＿＿＿＿＿＿

哪位家人給了我們最多的尊重？＿＿＿＿＿＿＿＿＿＿＿＿＿＿＿＿＿

✏️ **在成為男性或女性的過程，**
主要照顧者給了我們什麼樣的教育？

☐ 重男輕女

☐ 常以性別來要求我們的行為（像是男生不能哭，女生要貼心）

☐ 沒被強硬地以性別角色要求

☐ 曾經因為沒達到主要照顧者設定的理想男性或女性形象而被責罵

☐ 因為性傾向不符主要照顧者的預期，所以關係緊張

☐ 其他＿＿＿＿＿＿＿＿＿＿＿＿＿＿＿＿＿＿＿＿＿＿＿＿＿＿＿＿＿

＿＿＿＿＿＿＿＿＿＿＿＿＿＿＿＿＿＿＿＿＿＿＿＿＿＿＿＿＿＿＿＿＿＿

＿＿＿＿＿＿＿＿＿＿＿＿＿＿＿＿＿＿＿＿＿＿＿＿＿＿＿＿＿＿＿＿＿＿

＿＿＿＿＿＿＿＿＿＿＿＿＿＿＿＿＿＿＿＿＿＿＿＿＿＿＿＿＿＿＿＿＿＿

＿＿＿＿＿＿＿＿＿＿＿＿＿＿＿＿＿＿＿＿＿＿＿＿＿＿＿＿＿＿＿＿＿＿

如果現在要平靜五分鐘，可以怎麼做？＿＿＿＿＿＿＿＿＿＿＿＿＿

✏️ 小時候最害怕什麼事？

☐ 被打罵　　　　　☐ 爸媽提到離婚

☐ 目睹家暴　　　　☐ 進出醫院

☐ 被關廁所　　　　☐ 主要照顧者生病

☐ 被丟在陌生地方　☐ 主要照顧者進監獄

☐ 債主上門　　　　☐ 主要照顧者酗酒

☐ 搬家　　　　　　☐ 被情緒勒索

☐ 其他＿＿＿＿＿＿＿＿＿＿＿＿＿＿＿＿＿＿＿＿

✏️ 小時候最討厭聽到什麼話？

☐ 怎麼會生出你這種小孩

☐ 不要胡思亂想

☐ 別人不喜歡你，你自己要檢討啊

☐ 你就是散漫、懶惰

☐ 自己不努力，理由一大堆

☐ 為什麼你不能像別人一樣

☐ 還沒做就說不會，你怎麼這麼沒用

☐ 其他＿＿＿＿＿＿＿＿＿＿＿＿＿＿＿＿＿＿

✏️ 如果你有一個孩子，
你會想要這個孩子再重複一次你的童年嗎？

＿＿＿＿＿＿＿＿＿＿＿＿＿＿＿＿＿＿＿＿＿＿＿＿＿＿

＿＿＿＿＿＿＿＿＿＿＿＿＿＿＿＿＿＿＿＿＿＿＿＿＿＿

＿＿＿＿＿＿＿＿＿＿＿＿＿＿＿＿＿＿＿＿＿＿＿＿＿＿

＿＿＿＿＿＿＿＿＿＿＿＿＿＿＿＿＿＿＿＿＿＿＿＿＿＿

✏️ 我們成長的過程中，常帶著缺憾。有哪一件事，是你一
直想跟主要照顧者溝通，但至今仍未得到適當的回應？

＿＿＿＿＿＿＿＿＿＿＿＿＿＿＿＿＿＿＿＿＿＿＿＿＿＿

＿＿＿＿＿＿＿＿＿＿＿＿＿＿＿＿＿＿＿＿＿＿＿＿＿＿

＿＿＿＿＿＿＿＿＿＿＿＿＿＿＿＿＿＿＿＿＿＿＿＿＿＿

媽媽請妳
聽.我說

不如意事，十之八九，
只有很少數的情況能夠「完美」，
大部分情況下，我們只能接受「夠好」。

我們現在長大了，更有力量了，更懂得過自己的人生，甚至慢慢有能力成了自己的父母。過去的缺憾，說不定能靠現在的自己補起來。現在的你，會想要對小時候的你，說什麼話呢？

☐ 你年紀還小，很多事不是你的錯

☐ 把自己照顧好，才能把家人照顧好

☐ 討好父母很重要，搞清楚自己想要什麼更重要

☐ 請允許自己脆弱

☐ 你被以理想的形象要求著，但你也可以試著做你自己

☐ 多珍惜跟重要的人相處的時光

☐ 其他 _____

我們已經有能力
安慰自己了

_____

_____

CHAPTER 4

友情與愛情之間

比較常感覺寂寞的人，

其實可能花在他人身上的時間不少，

也可能朋友數比較多，

只是大部分屬於不熟或者陌生的狀態。

比較少感覺寂寞的人，會把同樣的時間，

拿來跟少數彼此了解的人，進行比較深入的互動。

也可以說是否寂寞，相對於人際關係的數量，

品質更重要。

親密關係中最美好的部分，是我們願意為了對方而成長

　　有一個部分我想區分清楚，為對方付出，委屈自己，跟藉著關係中的動力，讓自己變好，有些不同。

　　我們所不喜歡的犧牲自我式地討好，那很可能踐踏了自己，又慣壞了對方，這是沒錯。可是，讓自己變得更會溝通、更懂得照顧人的情緒以及認識自己，這些變化，如果同時對對方與自己都有好處，這個就要把握住。

　　我認識一位年輕人，為了心儀的女孩子，願意常到圖書館念書。我認識許多家長，看了不少坊間的教養書，實際陪著孩子遊戲，慢慢磨出一套屬於自己的人生哲學，身段變得更柔軟，又懂得堅強，用在其他的人際關係，常也有助益。

　　這些美好，是我經常能見證的。不能說關係的結果不好，或者不如預期，就一概否定這些過程，那真是自己把自己逼到了絕境。跟人互動，要深刻、要細膩，就要試著從過程的一點一滴去看起──包括自己曾經做了什麼努力，有什麼樣的收穫與心得。

　　有時候，常常是關係結束了，讓我們像浴火重生一樣，整個人又再升了一次級，讓大腦裡面的軟體有突破性的更新。我們是不想

要關係結束，或者連結變淡，不過，既然已經是事實了，或者是擋不住的趨勢，我們更是要讓自己更好，以面對下一次關係重新連結的時候，或者準備經營下一段關係。

尤其是親子，常常一個階段一個階段地看，我們常在失去什麼，我們也常重新收穫。不過，是不是收穫，那得要我們懂得解讀。只聚焦在失去，接下來的人生都自怨自艾，這種長輩我們也見過。

不是為了關係，只為了自己，更是要成長。失去是常態，但成長的心態能永續，不怕沒有美好再臨。

日期：_____

這幾天，我們花比較多時間在後悔還是焦慮？ _____

現代社會中，人際關係常是情緒困擾的來源。
我們遇過哪一種讓我們「頭痛」的朋友？

☐ 到處蒐集與傳播朋友的隱私

☐ 跟他在一起，常覺得我們自己比較差

☐ 常說話不算話

☐ 需要我們的時候會出現，其他時間則失聯

☐ 每次見面都要花很多時間抱怨類似的事

☐ 常不確定他說的話是否真心

☐ 很少花時間了解我們，只想他自己被了解

☐ 很喜歡誇大對我們做過的好事來討人情

☐ 喜歡開人玩笑，但自己又不喜歡被開玩笑

☐ 很喜歡佔我們小便宜

☐ 過度熱情讓我們很有壓力

☐ 其他 _____

_____

_____

最近一次在別人面前哭是什麼時候？＿＿＿＿＿＿＿＿＿＿＿＿＿＿

✏️ **從小到現在，假設我們把朋友分成「點頭之交」、「普通朋友」、「好朋友」、「知己」，那我們有幾個「好朋友」，又有幾個「知己」呢？**

「好朋友」 ＿＿＿＿＿＿ 個

「知己」 ＿＿＿＿＿＿ 個

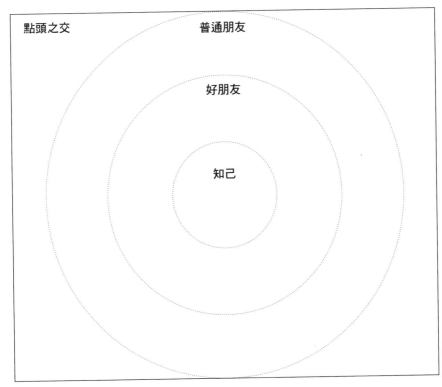

這是我們的交友圖，也可能是我們的「同溫層」，請填上友人的姓名。

建立關係，重點常在當下。
有時候，不是我們做了什麼，
接著要求他人靠近，
而是我們讓自己處在什麼心境，
能讓他人歡喜親近。

📅 **日期：** _____

最近一次私底下偷偷哭是什麼時候？ _____

✏️ 「知己」這一輩子有一、兩個，那就算撿到寶了，大部
分人是沒有的。我們在想到「好朋友」的時候，也可能
會想到跟好友反目的經驗，或者本來有可能成為好友，
但因為一些因素最後分道揚鑣的經驗。一般成人真正的
好友，其實也不多，因為時空環境不斷轉變，能留在我
們身邊的，其實有限。走入家庭之後，常常也沒時間維
繫友誼了。但是我們通常透過交友的過程，學到了一些
東西，那是什麼？

□ 朋友是我們的一扇窗，帶我們看到不同世界

□ 朋友之間能幫的，其實也很有限

□ 真摯的友情是一輩子的寶藏

□ 如果沒有朋友，我們不會有今天

□ 其實沒有朋友也能過得很好

□ 透過朋友能更認識自己

□ 人性是自私的

□ 都是假的

□ 其他

📅 **日期：** _____

有什麼事是絕對不能拿來開玩笑的？ _____

「當我們在關係中開始感到孤單，可能是由於兩種狀態：第一，對方給我們的愛越來越少；第二，我們給自己的愛越來越少。」

——摘自《謝謝你知道我愛你》

✐ **我們在哪一種關係裡面，曾經失去自我似地討好對方，以至於雖然人處在關係中，但依然覺得孤單？**

☐ 友情

☐ 愛情

☐ 親情

☐ 其他 _____

✐ **那時候，我們是如何壓抑自己的感受，是如何忽略自己的需要，試著讓對方開心，以維持關係的熱度？**

_____

_____

_____

_____

📅 **日期：**＿＿＿＿＿＿＿＿

最近一次我們感覺被歡迎是什麼時候？＿＿＿＿＿＿＿＿＿＿＿＿＿＿＿

✏️ **在《我想傾聽你》這本書中，引用了「災難四騎士」的說法。是講到四種溝通方式出現，代表關係面臨重大的考驗。讓我們檢視我們最在意的友誼或愛情，有沒有下列的狀況？**

☐ **批評**
涉及人身攻擊，對人不對事，想讓對方閉嘴，就算只是一時情緒，也傷害了對方，更無益問題解決。

☐ **輕蔑**
無法以尊重平等的方式互動，看不起人、嘲諷、不屑，搞不清狀況就先否定人。

☐ **防衛**
犯錯時不認錯，惱羞成怒，找各種理由扭曲事實，甚至把黑的說成白的，好像自己才是受害者，別人都是加害者。

☐ **沉默**
該溝通表達的時候，透過沉默，可能表達生氣、拒絕、或者忽視，特別是在討論雙方都需要參與的事務時如此，讓我們自己決定也不是，不決定也不是。

最棒的關係，是你在他面前，
無懼地成為了自己，卸下了掩飾與武裝。

🖊 人有低潮，關係自然也會起起落落，我們也可能感受不到來自對方的溫暖。這時候，如果我們不知道怎麼跟自己相處，想要擺脫孤單，就比較難。說起來，我們在學校花了很多時間學國、英、數，但是我們對於人性的了解，以及關係如何經營，常得要靠自己拼拼湊湊。以愛情來說，我們從電視、電影、小說、歌詞中，學到了什麼樣的價值觀，讓我們自己、讓關係的壓力很大？

（摘自《靜下心去愛》）

☐ 人生一定要有愛情，沒愛情就是魯蛇
☐ 愛上你，我什麼都願意為你做
☐ 愛一個人就要愛他的全部，包括缺點
☐ 初戀最美（期待一見鍾情式的愛情）
☐ 我愛你是一種命中注定
☐ 我一定能為你改變
☐ 我一定可以改變你（或者，你愛我就應該配合我）
☐ 要找一個愛我比我愛他多的人
☐ 被分手就等於是對我個人的否定
☐ 愛一個人就是要每天膩在一起（沒在一起的時候，他沒一直想我，就是不愛我）
☐ 情人之間不能有祕密
☐ 好情人就是好朋友
☐ 愛上你，我就屬於你（愛上我，妳就屬於我，「妳是我的女人」）
☐ 愛你的人才會對你發脾氣
☐ 其他_____

別人最常說我們有什麼心情？_____

✏️ **如果檢視一下我們曾經有過的愛情，**
我們在哪些議題上面臨過雙方的拉扯？

☐ 能繼續交異性的普通朋友，還是交往之後連異性朋友都得斷絕關係？

☐ 要常常黏在一起，還是可以有多一點自己的空間？

☐ 喜歡穩定的互動方式，還是更期待有變化？

☐ 其他_____

_____

_____

✏️ **價值觀與感受的不同，會讓雙方難免拉扯，影響愛情的溫**
度。我們曾經使用過什麼樣的策略，來找到彼此的平衡點？

☐ 沒找到平衡點，每次講到同樣的點就吵架，各自都想按照自己的方式

☐ 能夠輪流採納彼此的意見，雙方都有機會被滿足

☐ 試著妥協，就是採取中庸之道，找到雙方都能接受的點

☐ 其他_____

_____

_____

📅 **日期：** _____

我們通常幾點最容易生氣？ _____

 我們在愛情中的樣子，很難完全不受到父母的影響。不管是很羨慕父母之間的關係，或者是期待著我們能建立更好的關係，或者因此恐懼婚姻，或趨或避。可是，即便我們不喜歡看過的幾千幾萬次互動，還是儲存在我們的記憶深處。等遇到類似的情境，不自覺地就啟動了曾看過的對白與姿態。

當我們進入愛戀關係之後，又有什麼樣的互動，正複製著上一代的模式？

☐ 常有不一致的溝通，像是明明期待出去玩，卻說「我不想」

☐ 以前覺得欣賞的特點，現在不知怎麼了，變成了缺點

☐ 跟另一半的關係，似乎像在跟自己的主要照顧者互動那樣

☐ 兩個人獨處，不知道要說什麼，常要費力找話題

☐ 常嫌棄對方，自己也不喜歡，但又忍不住碎念

☐ 一定要把我們的需要擺後面，對方才會覺得受到尊重

☐ 能相互支持與包容，一路走來都能共同成長

☐ 吵架之後常有固定的和好模式，像是我們先低頭

☐ 常很氣對方，都不懂我們在想什麼

☐ 其他 _____

_____

_____

愛一個人也可以學習，常從
愛自己開始。注意自己正面
的地方，花時間充實自己，
學會調整自己的心情，會讓
自己有價值感，進一步肯定
對方的價值，肯定關係的價
值。這能產生一種溫和的堅
定，讓自己在關係裡面，願
意試著爭取對方的支持，共
同面對必然出現的難題。

喝喝茶、聊聊天，共享一段時光，做一些彼此都喜歡做的事。

給彼此時間，讓彼此都可以按照自己的步調前進。

這樣，關係比較能建立或維繫。

CHAPTER 5

溝　　通
　與
問題解決

當我們有意願溝通的時候，

通常是我們假設對方願意傾聽，

然後能以平等尊重的態度對待我們，

也願意以「你好，我也好」的目標去改變。

讓我們先檢視我們自己，

是不是他人想溝通的對象。

你是想要相互理解
可是他卻只想要講贏你啊

　　我最常被問到的問題之一，是類似「要怎麼跟某某人溝通」。

　　所謂溝通，定義因人不同。譬如，其實在家庭裡大部分情況，溝通會比較像「說服」或「命令」。最常見的，是出現在權力不均等的處境，也就是權威者只想要別人接受他的想法，至於別人的想法，權威者並不那麼在乎。

　　很多時候，表面上講願意溝通，只是一種話術。或者有另一種講法，「只要你能說服我，我就同意你」，但大致上都說服不了他，因為他已經為事情的對錯，下了絕對而不可撼動的定義。最後他只是想證明，我們無知又愚蠢，到頭來還是他對、他頭腦好。

　　這時候，怎麼可能「溝通」呢？除非我們認同他，要不然怎麼溝，都不會通啊！

　　有一次，當事人真的很想要得到對方的理解，所以進行溝通，可是長期碰壁，又放不下終有一天對方會理解的期待，情緒一直七上八下的。我說了類似的話：

　　「你是想要相互理解，可是他卻只想要講贏你啊！」

　　對話的目標沒有交集，越在乎關係的人常越生氣。所以我常提

醒當事人，先把自己的生活先過好再說。執著在「一定先要關係好，自己才能好」，那常是一個圈套，一種把自己的部分人生交出去的投降。

年輕朋友的人生經驗不夠，我會試著把家庭或家族裡運作的潛規則，跟他們說明，期待盡可能多一點和諧。

很多時候，年輕朋友以為可以平等地跟長輩交流、交換意見，實在有些天真，那也要看事情的重要性。尤其是當碰到真正核心的價值觀，長輩在對話的時候，基本上是想得到認同與肯定，想聽好話，想被讚美與附和，是上對下的態度。

其實還是有很懂得「溝通」的人，能突破長輩的心防。就是講很多好話，有很多貼心的舉動，中間藏著一些不一樣的講法，順著長輩的價值觀去延伸與擴張，先從讓長輩有不同的「做法」下手，也許長輩的核心價值觀有可能變動。也就是，以正向「情緒」為基礎，先從好處理的「行為」下手，才有機會調整「認知」。

如果我們嘴笨，個性又直，什麼都想講清楚，幾句話不被尊重就開始激動。那最後我們到底可以透過「溝通」，想得到什麼呢？又能得到什麼呢？

假設我們常越溝通越有氣，那上述文字，是可以幫忙想通些什麼的思維方式之一。

📅 日期：＿＿＿＿＿＿＿

整體來說，我們是偏理性還是偏感性的人？＿＿＿＿＿＿＿＿＿＿＿＿

✏️ **請想想今天或最近的某次溝通，我們是聽的時間多？**
還是說的時間多？

聽：說＝ ＿＿＿＿＿＿＿ ：＿＿＿＿＿＿＿

（大致的時間比）

沉得住氣，
就聽得清楚

好的溝通者，通常傾聽的時間多於自我表達，部分原因之一，是當我們聽懂對方的意思，我們就只需要根據自己的意思，重點回應就可以了。對方知道我們懂了，也就不需要重複說明。

我們有嘗試過，在溝通時跟對方確認，我們的理解跟對方心裡真正的意思一樣嗎？
（像是說「我想你的意思應該是這樣，如果我說錯了請你告訴我。……」）

☐ 常這麼做

☐ 想到才確認

☐ 根本不想確認，我認為是什麼就是什麼

☐ 其他 _____

_____

_____

日期： _____

最近我們算是樂觀還是悲觀的人？ _____

✎ **我們曾經試著邀請過對方，**
表達他在溝通當下的心情嗎？

事情＋心情

完整的傾聽，
常包含事情與心情

☐ 從來沒有，根本不想聽

☐ 我願意試試

☐ 很常主動詢問對方的心情

☐ 他都不想聽我的心情，我幹嘛聽他的

☐ 其他 _____

_____

通常誤會產生，是因為講的人與聽的人都帶著情緒。

很多狀況下，誤會是難以澄清的，如果，沒辦法把誤會澄清，就放下吧。

📅 日期：＿＿＿＿＿＿＿＿

最近我們有被冷落的感覺嗎？＿＿＿＿＿＿＿＿＿＿＿＿＿＿＿＿＿＿＿＿＿＿＿

當兩個人吵最凶的時候，常常是各自認為自己最有道理的時候。然後，接下來我們心裡的話常是「我對，你錯，你修正，你閉嘴！」

——摘自《找一條回家的路》

✏️ **我們在溝通的時候，會打斷、插話，或者會糾正對方嗎？我們能給對方一段完整的時間，專心聽對方清楚表達他的想法嗎？**

☐ 我的個性很急，想到什麼想講就搶著先講，怕自己忘記

☐ 通常都會讓對方先講完

☐ 我的個性比較直，我覺得對方說得不對，就會立即糾正

☐ 我才是常被打斷的那一方

☐ 基本上，我只要聽不下去，就會想要對方閉嘴

☐ 我希望講贏對方，所以抓到對方講錯的地方，就會一直攻擊

☐ 其他＿＿＿＿＿＿＿＿＿＿＿＿＿＿＿＿＿＿＿＿＿＿＿＿＿＿＿＿＿＿＿＿＿＿

＿＿＿＿＿＿＿＿＿＿＿＿＿＿＿＿＿＿＿＿＿＿＿＿＿＿＿＿＿＿＿＿＿＿＿＿＿＿

＿＿＿＿＿＿＿＿＿＿＿＿＿＿＿＿＿＿＿＿＿＿＿＿＿＿＿＿＿＿＿＿＿＿＿＿＿＿

我們今天看鏡子的時候，是什麼表情？_____

✏️ **我們在溝通過程中，如果產生了情緒，常不自覺地會覺得對方有敵意。我們需要先釐清，對方的表達內容，是對事？還是對人？還是對事也對人？**

☐ 對事

「你常半小時之後才回訊息」

「今天便當忘了放水槽」

「你陪孩子玩的時間，

一個禮拜不到兩小時」

☐ 對人

「你怎麼那麼被動」

「沒見過像你這麼懶惰的孩子」

「你是個失敗的爸爸！」

就事論事，對事情
的改善比較有幫助喔！

最近我們有沒有跟人唱反調？＿＿＿＿＿＿＿＿＿＿＿＿＿＿＿

✏️ 如果再看得細膩一點，對人與對事還可以細分，
　請試著用下面的架構，
　分析我們最近一次讓雙方都挫折的溝通。

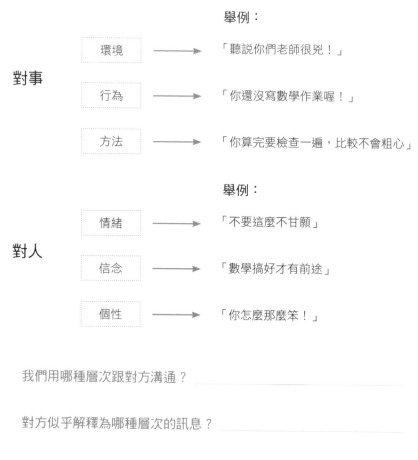

對事

　　舉例：

環境 ⟶ 「聽說你們老師很兇！」

行為 ⟶ 「你還沒寫數學作業喔！」

方法 ⟶ 「你算完要檢查一遍，比較不會粗心」

對人

　　舉例：

情緒 ⟶ 「不要這麼不甘願」

信念 ⟶ 「數學搞好才有前途」

個性 ⟶ 「你怎麼那麼笨！」

我們用哪種層次跟對方溝通？

對方似乎解釋為哪種層次的訊息？＿＿＿＿＿＿＿＿＿＿＿＿＿

說與聽的層次不同，就容易會錯意，造成溝通僵局。

溝通前，問問自己，能不能面對自己的脆弱與缺點？
如果連我們自己都沒辦法面對，
自然在他人質疑的時候，會閃躲、游移。

最近我們做什麼事，很不情願？＿＿＿＿＿＿＿＿＿＿＿＿＿＿＿＿＿＿

🖉 **溝通很難都沒情緒，怕衝突的人，也很難展開溝通。但是適當地表達自己真實的情緒，也能讓對方感受到我們的在乎與善意。**

我們所提出的要求，對對方有好處嗎？
有清楚表達給對方知道嗎？

☐ 沒好處他也得接受

☐ 很少具體跟他說，我們的要求對他有什麼好處

☐ 我們覺得對他有好處，但是他不這麼認為

☐ 其實我們很清楚，對他沒好處，但對我們自己有好處

☐ 其他

壞處？　好處？

要求 →

當一個人無法了解要求對他有什麼好處，配合意常不高

最近一次我們説謊是什麼時候？_____

✏️ **我們能真誠地針對對方的言論之中認同的部分，
表達贊同嗎？**

☐ 才不想表達贊同，好像我們先輸了一樣

☐ 我們都會先肯定共同的部分，再去就跟對方相異的部分進行討論

☐ 我們就是覺得自己沒有錯才表達，幹嘛贊同對方？

☐ 其他_____

_____

溝通時能先就我們自己也認同的
部分去贊同對方的論點，就好像
在彼此心中搭建一座善意的橋

📅 日期：_____

最近一次我們為了什麼而逞強？_____

✏️ **當一個人感覺自己被理解，會有正向感受，比較能促進溝通，讓對方想多聊聊自己的心情，所以除了傾聽之外，還可以多使用開放性問句。我們使用過什麼開放性問句？**

☐ 「我不懂你的意思，可以舉個例子嗎？」

☐ 「……怎麼說呢？」「……所以你的意思是說？」

☐ 「是什麼原因讓你……」（「為什麼」因語氣與對方狀態不同，
　　可能被解釋為質問或責備）

☐ 「將來你想怎麼做？」

☐ 「你覺得呢？」

☐ 其他_____

只要對方多講一點，
溝通就有機會更順暢些

📅 日期：＿＿＿＿＿＿＿＿＿

最近什麼事讓我們覺得丟臉？＿＿＿＿＿＿＿＿＿＿＿＿＿＿＿＿＿＿

✏️ 要談的話題越深，我們越需要時間消化對方話中的意義。談事情跟談心情的步調，其實不完全一樣。同理對方是調整步調的方式之一，能讓對方感覺被尊重，也是深度溝通很重要的動作。有時候，對方談的問題不見得能解決，他要的可能不是什麼確切的答案，而是同理與支持。

同理可以粗分為三個層次：知道、體會、關懷。
我們確認過對方的心情嗎？

☐ 「聽起來，你好像很生氣，是這樣嗎？」

☐ 「如果我是你的話，我大概很傷心吧?!」

☐ 其他＿＿＿＿＿＿＿＿＿＿＿＿＿＿＿＿＿＿＿＿＿＿＿＿＿＿＿

 我們曾表達對對方心情的體會嗎？

☐ 「我也感覺很挫折，好像心裡有苦說不出來，一直感覺沒被理

解。你也有這種感覺嗎？」

☐ 其他＿＿＿＿＿＿＿＿＿＿＿＿＿＿＿＿＿＿＿＿＿＿＿＿＿＿＿

📅 日期：_____

我們現在臉部是放鬆的嗎？_____

🖊️ **我們有試著回應對方的心情，進行關懷嗎？**

　　□「我感覺你好像很難過，我能幫你什麼嗎？」

　　□ 其他 _____

_____

_____

最近什麼事讓我們有「可惜」的感覺？＿＿＿＿＿＿＿＿＿＿＿＿＿＿＿＿＿

🖋 **溝通不良的原因之一，就是雙方的價值觀或信念有差距，但相處常是「行為」層次的事，那麼，求同存異是解決方法之一。**

用簡單的方式講，雙方在「行為」上相同的地方一起執行，相異的部分試著妥協，我們曾經嘗試這麼做嗎？

（譬如，對方認為工作辛苦，做家事輕鬆，所以不願分擔家務。但不去討論對方的價值觀或信念，「陪孩子玩」這個行為，對方願意在某個時間點執行。）

□ 對方非常自我中心，有一點點跟他預期不同，他火氣就很大，根本沒得談

□ 我們一直以來都用這種方式相處

□ 雙方都想改變對方的價值觀或信念，無法在行為上妥協

□ 其他＿＿＿＿＿＿＿＿＿＿＿＿＿＿＿＿＿＿＿＿＿＿＿＿＿＿＿＿＿＿

＿＿＿＿＿＿＿＿＿＿＿＿＿＿＿＿＿＿＿＿＿＿＿＿＿＿＿＿＿＿＿＿＿＿

＿＿＿＿＿＿＿＿＿＿＿＿＿＿＿＿＿＿＿＿＿＿＿＿＿＿＿＿＿＿＿＿＿＿

📅 日期：＿＿＿＿＿＿＿＿

最近一次吃得很滿足是什麼時候？＿＿＿＿＿＿＿＿＿＿＿＿＿＿

✏️ 當雙方在認知上有歧異，輪流是一種照顧到彼此需要的方式。我們願意為了維持關係而進行輪流、並且以學習的心態去體驗對方的期待嗎？

☐ 不可能輪流，完全不想體驗對方的期待

☐ 小事輪流可以接受，大事有困難

☐ 沒辦法輪流，但可以接受對方有自己的時間，做他想做的事

☐ 輪流是我們常用的方法

☐ 其他

＿＿＿＿＿＿＿＿＿＿＿＿＿＿＿＿＿＿＿＿＿＿＿＿＿＿＿＿

＿＿＿＿＿＿＿＿＿＿＿＿＿＿＿＿＿＿＿＿＿＿＿＿＿＿＿＿

輪動變化，是自然界常有的現象，
別低估自己的潛力喔！

CHAPTER 6

多元與彈性思考

「心有多寬，世界就有多大」這是常聽見的一句話。

從想法來說，有人相對比較單一與刻板，

這樣在面對多變的環境就會比較困難，

人際互動也容易碰壁。

多元與彈性思考可以練習，

讓可能性進來，讓自己的人生變得多彩。

想像可以很完美，
但是行動的價值比較高

　　聽年輕人講話，常會有一種很歡喜的感覺。他們的人生挫折不多，任意馳騁想像。

　　不過，我在欣賞他們的同時，也提醒自己，別忘了要敦促他們行動。雖然他們喜歡想像，但是其實不太敢落實行動，沒辦法向下扎根地踏實。

　　人生如果只用想的，可以想得很完美、很高遠，聽起來真是美好。一旦開始行動，挫折就會一點一點跟著來，而且不要說完美，常常能過得去就了不起了。

　　有時候，是現實中的挫折，讓年輕人遁入想像。這個歷程，也被用來解釋年輕人的網路成癮。

　　所以，既然不敢行動，就批判別人的行動。藉此來證明，其實別人做得也沒有很好，相對來說，自己的不行動，其實也沒那麼糟。

　　常常我聽年輕人在批評，是用非常高的標準在檢視別人。年輕人的想法好像是，自己做不到沒關係，但他是公眾人物（其實有時候也不是），他有義務要接受這種考核。

用更簡化的方式來說，有時年輕人心裡在想的，就是你不符合我的期待，就是可惡、就是蠢蛋。

　　這也是很多家長受不了年輕人的地方，不過，越是如此，越是要透過討論，讓年輕人慢慢知道——人可以有期待，也可以有想像，但其他人不見得有義務要配合。一個成熟的人，本來就會慢慢知道，想像跟現實常有差距，這差距不必然要用憤怒去填滿。

　　不過，其實不只是年輕人，應該說很多人一直到老，心態上也不見得隨著歲月提升多少，還是停留在年輕人的樣子。就是，只要你不符合我的想像，就是不好的，就該要改，而忽略了這世上有很多種「好」與「對」，還有做決策的人主要是要承受後果的那個當事人。

　　年輕人常常教我很多，所以我也希望給年輕人勇氣。真想要有一番成就，是要去做，要承受挫折與各種批評，而不只是想像，在自己想像的世界裡，盡情批評、宣洩情緒。

真正的堅強，是寧可冒險暴露自己的軟弱，
也要追求自己的成長。

當我們對他人多一點同理與認同，
就能進一步體驗到他人所感知的世界。

📅 **日期：**_____

最近有沒有什麼事，讓我們既期待又怕受傷害？_____

✏️ 從小我們就內化了許多信念，隱含著各種不同立場的說法，以及歷史文化的傳承。可是，隨著時代更迭，情境各異，對象不同，我們的想法要重新翻閱調整，才能符合現狀的需要。

在《找一條回家的路》這本書，引用了拜倫·凱蒂的「四個提問」，來驗證我們的想法，或對鄰人的批評。大部分人面對困境，常會希望是對方能依據我們的期待改變。讓我們試著從「四個提問」的順序來思考。

① 我們希望對方有什麼樣的改變呢？

_____

_____

_____

_____

_____

_____

（譬如：「我要我男友不要跟他前女友連絡，電話刪掉，社群網站全面封鎖。」）

📅 **日期：** ＿＿＿＿＿＿＿＿

我們可以用什麼天氣來形容我們今天的心情？ ＿＿＿＿＿＿＿＿＿＿＿＿＿

② 然後，我們可以自問，我們希望對方要進行的改變，是真的嗎？

　□ 當然是真的，要不然咧?!

　□ 其實我也不確定（直接跳到④）

　□ 說真的，說不定是我們自己要改變（直接跳到④）

　□ 其他＿＿＿＿＿＿＿＿＿＿＿＿＿＿＿＿＿＿＿＿＿＿＿＿＿＿＿

　＿＿＿＿＿＿＿＿＿＿＿＿＿＿＿＿＿＿＿＿＿＿＿＿＿＿＿＿＿＿＿

　＿＿＿＿＿＿＿＿＿＿＿＿＿＿＿＿＿＿＿＿＿＿＿＿＿＿＿＿＿＿＿

③ 如果上一題是真的，請再清楚地問自己一次，我們所希望對方要進
　行的改變，百分之百是真的嗎？

　□ 很難百分之百是真的，或許大部分是真的

　□ 百分之百是真的，對方讓我那麼痛苦，怎麼會是假的？

　□ 被問第二次，好像就感覺是假了

　□ 其他＿＿＿＿＿＿＿＿＿＿＿＿＿＿＿＿＿＿＿＿＿＿＿＿＿＿＿

　＿＿＿＿＿＿＿＿＿＿＿＿＿＿＿＿＿＿＿＿＿＿＿＿＿＿＿＿＿＿＿

　＿＿＿＿＿＿＿＿＿＿＿＿＿＿＿＿＿＿＿＿＿＿＿＿＿＿＿＿＿＿＿

📅 **日期：** _____

我們可以用什麼顏色來形容我們今天的心情？ _____

④ 當我們一直抱著希望對方改變的想法，但是對方又沒改變，這讓我
　 們有什麼心情？我們因此做了什麼？

　　☐ 很痛苦啊！所以又覺得是不是自己做錯了什麼，要被這樣對待

　　☐ 就僵持到現在，就拖著，看誰先放棄

　　☐ 常對對方生氣，吼他，唸他，他就是不聽

　　☐ 早就心寒了啦！沒有期待就不用受傷害！

　　☐ 其他 _____

　　_____

　　_____

如果時間突然空下來，我們會有什麼心情變化？ _____

⑤ 那如果，不知道為什麼，突然之間我們放掉了我們要對方改變的堅持，那我們會有什麼變化？

☐ 絕對不可能放掉要對方改變的想法

☐ 那就天下太平了啊！不過我們還是會去找某件事、某個人來煩惱

☐ 會非常輕鬆、自在

☐ 跟對方相處起來，會愉快很多

☐ 其他_____

_____

_____

對方固然對我們造成了困擾，然而，如果我們抱著這樣的想法，以及放掉它，我們就會有不同的變化。難道我們對對方的種種想法，不是困擾我們自己的重要原因嗎？

生命的意義，要透過努力去發現。
我們一旦接受了屬於自己的獨特意義，
那麼，苦難不至於將我們擊倒，腳步不至於停滯，雖苦也能甘甜。

我們最近有沒有什麼明顯的改變？再小都沒關係！＿＿＿＿＿＿＿＿＿＿

✏️ 凡有規則，常有例外。只是，我們的思考過於僵固，否定或扭曲了例外的存在。假設有一個問題一直困擾著我們，透過思考上的練習，有時候我們可以找到新的突破口。

請寫下一個一直困擾我們的問題：

＿＿＿＿＿＿＿＿＿＿＿＿＿＿＿＿＿＿＿＿＿＿＿＿＿＿

＿＿＿＿＿＿＿＿＿＿＿＿＿＿＿＿＿＿＿＿＿＿＿＿＿＿

＿＿＿＿＿＿＿＿＿＿＿＿＿＿＿＿＿＿＿＿＿＿＿＿＿＿

就上述的問題，我們可以自問：

① 「什麼時候這個問題不會發生？」

＿＿＿＿＿＿＿＿＿＿＿＿＿＿＿＿＿＿＿＿＿＿＿＿＿＿

＿＿＿＿＿＿＿＿＿＿＿＿＿＿＿＿＿＿＿＿＿＿＿＿＿＿

＿＿＿＿＿＿＿＿＿＿＿＿＿＿＿＿＿＿＿＿＿＿＿＿＿＿

② 「以前有沒有遇到類似的狀況？當時怎麼處理？」

＿＿＿＿＿＿＿＿＿＿＿＿＿＿＿＿＿＿＿＿＿＿＿＿＿＿

＿＿＿＿＿＿＿＿＿＿＿＿＿＿＿＿＿＿＿＿＿＿＿＿＿＿

＿＿＿＿＿＿＿＿＿＿＿＿＿＿＿＿＿＿＿＿＿＿＿＿＿＿

最近什麼時候，我們感覺過「浪漫」？＿＿＿＿＿＿＿＿＿＿＿＿＿＿＿＿＿＿

③「過去的處理方法，哪些可以通用在目前的困境？」

＿＿＿＿＿＿＿＿＿＿＿＿＿＿＿＿＿＿＿＿＿＿＿＿＿＿＿＿＿＿＿＿＿＿＿＿＿

＿＿＿＿＿＿＿＿＿＿＿＿＿＿＿＿＿＿＿＿＿＿＿＿＿＿＿＿＿＿＿＿＿＿＿＿＿

＿＿＿＿＿＿＿＿＿＿＿＿＿＿＿＿＿＿＿＿＿＿＿＿＿＿＿＿＿＿＿＿＿＿＿＿＿

④「有哪些解決問題的辦法，我們一直是知道的，但不想用？」

＿＿＿＿＿＿＿＿＿＿＿＿＿＿＿＿＿＿＿＿＿＿＿＿＿＿＿＿＿＿＿＿＿＿＿＿＿

＿＿＿＿＿＿＿＿＿＿＿＿＿＿＿＿＿＿＿＿＿＿＿＿＿＿＿＿＿＿＿＿＿＿＿＿＿

＿＿＿＿＿＿＿＿＿＿＿＿＿＿＿＿＿＿＿＿＿＿＿＿＿＿＿＿＿＿＿＿＿＿＿＿＿

⑤「有哪些解決問題的辦法，歷史上有人用過，但我們從沒試過？」

＿＿＿＿＿＿＿＿＿＿＿＿＿＿＿＿＿＿＿＿＿＿＿＿＿＿＿＿＿＿＿＿＿＿＿＿＿

＿＿＿＿＿＿＿＿＿＿＿＿＿＿＿＿＿＿＿＿＿＿＿＿＿＿＿＿＿＿＿＿＿＿＿＿＿

＿＿＿＿＿＿＿＿＿＿＿＿＿＿＿＿＿＿＿＿＿＿＿＿＿＿＿＿＿＿＿＿＿＿＿＿＿

＿＿＿＿＿＿＿＿＿＿＿＿＿＿＿＿＿＿＿＿＿＿＿＿＿＿＿＿＿＿＿＿＿＿＿＿＿

最近什麼事讓我們一則以喜一則以憂？＿＿＿＿＿＿＿＿＿＿＿＿＿＿＿＿

同樣的問題，常常可以再多一種方式想。其中一種方式，是假設問題已經解決了，從結果再倒回來思考。我們可以沿用上一個問題，或者再想個新的問題來自問：

① 「假設有一天，一覺醒來突然發生了一個奇蹟，問題解決了，那有可能是發生了什麼事？」

② 「假如在你面前有一顆水晶球，你已經看到了美好的未來，你猜你看到了什麼？」

③ 「如果我們走出大門，問題就解決了一大半，那是因為我們自己有什麼不同了？」

📅 **日期：** _____

最近一次吼叫是為了什麼？ _____

✏️ 有時候，問題之所以一直存在，是我們把它想成整體，不能分割。這時候，可以化整為零，用百分比的角度，去看我們能努力到什麼程度。我們可以自問，如果問題完全解決是100的話，問題完全沒解決是0，那麼，我們目前的狀態，大概解決了幾分？

```
|——————————————————|——————————————————|
0                  50                 100
```

如果一次只改善5分，可以怎麼做？

_____

_____

_____

_____

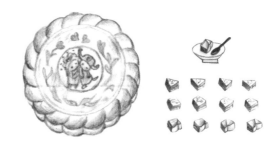

一次吃掉一口大餅很難，但一次吃一口小餅，就可能容易得像享受了

📅 日期：＿＿＿＿＿＿＿＿

看著陽光從窗戶灑進來有什麼感覺？　　＿＿＿＿＿＿＿＿＿＿＿＿＿＿＿

🖊 僵化的自我對話常導致過激的情緒，過激的情緒常引發僵化的自我對話。僵化的特徵之一，是過於絕對，像是放大某些生活事件發生的機率到百分之百，或者全面否定某個人。讓我們檢視我們是不是有類似的自我對話句型，使用關鍵詞是一種方便的方法。

① 「一定」、「應該」、「必須」……

譬如，「我一定要被人看得起」

「父母應該懂得怎麼愛我」

「我必須找一個比較強的人依賴」

試著就這些關鍵詞，找找看，我們心中是否有類似的句型？

_____

_____

_____

_____

_____

我們最近有沒有「捨不得」什麼人或事？_____

② 「你每次都……」、「你從來不……」

譬如，「你每次都要等到我不高興才去做嗎?!」

「你從來不會把我說過的話記住！」

像這種話，不管是對自己說，或者跟人吵架，常是越說越氣，越氣越說。我們的自言自語是不是有這樣的句型，還是我們曾說出口？

_____

_____

_____

_____

僵化的思考，常過於簡化，排除了許多可能性與情境，甚至偏離事實。跟事實的距離越近，我們越有機會過得如意。

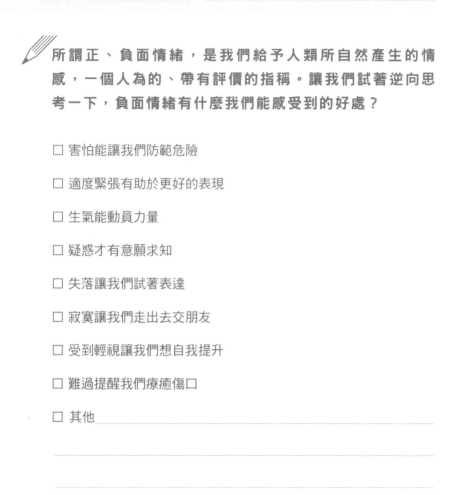

最近哪一天我們感覺過得充實？ _____

✏️ **所謂正、負面情緒，是我們給予人類所自然產生的情感，一個人為的、帶有評價的指稱。讓我們試著逆向思考一下，負面情緒有什麼我們能感受到的好處？**

☐ 害怕能讓我們防範危險

☐ 適度緊張有助於更好的表現

☐ 生氣能動員力量

☐ 疑惑才有意願求知

☐ 失落讓我們試著表達

☐ 寂寞讓我們走出去交朋友

☐ 受到輕視讓我們想自我提升

☐ 難過提醒我們療癒傷口

☐ 其他_____

_____

_____

_____

_____

我們永遠嘗試努力，看著醜惡，
但也同時相信，人類依然保有美好的特質。

📅 **日期：** _____

最近我們覺得在哪一件事上過於衝動？ _____

🖊 **願意正視負面情緒的價值，我們才比較能好好地把這個部分的自己接納進來，然後打開僵化，活出豐富的自己。正、負面思考其實常同時出現，只是我們習慣忽略某一面。讓我們練習同一件事多面解讀，猜測我們會有什麼不同的情緒？**

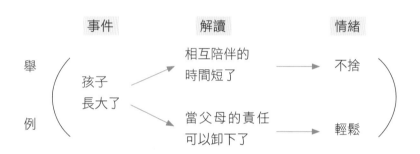

事件　　　解讀　　　情緒

舉

例　　孩子　　→　相互陪伴的　　→　不捨
　　　長大了　　　時間短了

　　　　　　→　當父母的責任　→　輕鬆
　　　　　　　　可以卸下了

愛一個人，是愛與被愛的人都自在，才是愛。

CHAPTER 7

理解
諒解
和解

理解一個人，不代表在情緒上能諒解他。

就算我們在情緒上能諒解他，

我們也不必然要跟他保持頻繁的互動，

因為我們會需要保護自己。

理解、諒解、和解，三階段各有其時間進程與目的，

對自我成長與人我關係，有相當重要的含意。

是不是觀念都要一樣才能和解？

　　因為認知上有落差，價值觀互異而吵架、冷戰，是很常見的現象。那麼，是不是雙方的觀念都沒改變，就沒辦法和解了？不一定，要看我們有沒有找到繼續相處的意義與動力。

　　「和解」這個詞，在一般的講法，好像是不愉快的雙方互相把話講開了，情緒上能接受了，彼此釋出善意，能繼續相處，就算和解。所以，會不會善意才是和解的重點，情緒上能接受對方，是和解的要件，價值觀的落差，似乎不那麼妨礙和解？

　　說到底，哪有兩個人的價值觀，真的一模一樣呢？就算價值觀不同，難道不能為了善意，找到彼此能妥協的空間，繼續生活嗎？

　　就算只聚焦在同一個人身上，我們把我們全部的價值觀一個一個擺出來，價值觀之間也可能互相打架。像是有些兩難情境，為了保護家人失手把入侵的小偷打死了，這件事就曾經引起社會上不少的討論，站在不同立場想，很難有一個最好的答案。

　　不是說非和解不可，在一般朋友關係來說，實在無法接受對方價值觀的情況下，不見面就是了。那萬一，是不能說散就散的家人呢？沒辦法和解，又要每天見面，情緒壓力實在很大！

　　有時候，是不和解的成本太高了。打個比方，以國家為例，兩

國之間沒辦法和解，長年爭戰，雙方弄得兵疲馬困，心底不想戰爭的聲音很強烈，也快沒能力戰了，可是找不到台階下，只好為了面子，還是繼續逞強，不能示弱。

有時候，是我們感覺對對方有虧欠。和解也不是為了要繼續相處，而是希望我們心裡從此少一個遺憾。

價值觀不同，不一定能互相支持，但也有不侵犯彼此的可能。再以國家為例，不是各自信仰的宗教不同，就不能和解，不能和平共處。回到人身上，價值觀縱然不同，我們也可以欣賞與尊重。

只是，價值觀不同，又要和平共處，某些行為的範圍，就得限縮。換個方向來說，就是把自己的事管好就好，跟對方保持個恰恰好的距離，但又能在同一個空間出現。

再用更簡單的方式，從反面來說，對方有對方認為對的價值觀，即便跟我們不同，這我們尊重。可是，如果對方一直試圖干涉與控制我們，一直想越過界來，那就是距離沒保持好，有力量就抵抗，沒力量就逃跑。

這就要看能量了，有些人能邊抵抗邊相處。有些人則無法承受，建了一堵牆，冷漠以對，甚至避不見面。不過，有時候某個時間點過了，其實對方也沒那麼想干涉了，不見面似乎就不必要了。

譬如，父母對孩子的婚配對象有意見，所以孩子結婚後，很少跟自己的父母往來。可是，時間一久，連孫子都生了兩個，都好奇阿公阿嬤是誰，不見面的必要性就可以重新考慮了。

而且，有些價值觀，會隨著時間改變的。就算雙方價值觀都如

鐵板一塊，能量夠，也可以一笑置之，能量不夠，也可以設定疆界。反正就是碰到某些話題，大家知道要避開就好。

　　和解很難，所以常讓人與人之間的互動觸礁。可是，可以先從「部分和解」著手，也就是試著修復，繞個彎繼續互動。不過，如果對方完全沒善意，連見面都討厭，那也不用勉強，先跟自己和好，這也很重要。

原諒，同時是為了自己，以及為了他人。
原諒不代表認同，只是理解，只是放下，
只是不再用遺憾來折磨自己。

我們最近一次耍任性是什麼時候？＿＿＿＿＿＿＿＿＿＿＿＿＿＿＿

🖊 有些人不敢明白表達自己的想法，或許是怕被拒絕，所以使用自己的負面情緒為模糊的線索，試著引發我們的內疚，似乎要讓我們走向某個方向。最近是誰對我們這麼做？他可能是希望我們做什麼？

我們最喜歡哪一種雲的樣子？ _____

🖊 **有些人互動起來很耗費心力，表面上的話語，跟心裡真正的意思，常常是兩回事。如果身邊有這樣的人，或者自己就是這樣的人，我們容易感覺到莫名地疲憊。讓我們回想，我們自己或身邊的人，最近有沒有使用過不一致的溝通？**

☐ 說「沒關係，我自己來」，但真的讓他自己來，他會不高興

☐ 說「不用啦，你們去就好了」，但事實上很想去，沒找他去就會生悶氣

☐ 說「你們選就好了，我沒意見」，事實上他意見最多，很不容易讓他滿意

☐ 其他 _____

_____

_____

把我們曾經最渴望的親子關係，試著跟現在的孩子重新建立起來，
或者，沒有孩子，就把自己當成孩子，再好好疼惜一遍；
然後，把我們不想要的過去，整理、轉化，變成滋養生命意義的沃土。

讓我們想像一下樹葉把陽光篩下來的景象，這是什麼感覺？＿＿＿＿＿＿＿＿

✏️ 有些人的邏輯非常跳躍，發生一件事，從此推翻整套道理。抓著一個行為，就要全盤否定一個人。跟這樣的人說話，常常扯不清，講話很沒效率。沒講還好，越講越氣，常充滿挫折感地結束話題。讓我們想想我們身邊有什麼人，是這副德性？

有些人就是很難擺脫過去，一直拿過去彼此折磨。一件事講一輩子，是翻舊帳達人。我們最近有遇到這樣的人嗎？還是我們自己就是？

✏️ 所謂「拿別人的錯誤來折磨自己」，這句話讓我們知道，諒解不見得是為了對方，大部分是為了自己。因為沒辦法諒解，或者沒辦法「放下」，所以我們一直「提」在手上，你感受到什麼樣的負擔？

☐ 干擾了自己的生活

☐ 不敢信任別人，事情或關係沒辦法推展

☐ 讓我們感覺缺乏活力，甚至好像因此生病

☐ 連自己都不喜歡這樣的自己，像小鼻子小眼睛的人

☐ 其他 ＿＿＿＿＿＿＿＿＿＿＿＿＿＿＿＿＿＿＿＿＿＿＿＿＿＿＿

＿＿＿＿＿＿＿＿＿＿＿＿＿＿＿＿＿＿＿＿＿＿＿＿＿＿＿＿＿＿＿

＿＿＿＿＿＿＿＿＿＿＿＿＿＿＿＿＿＿＿＿＿＿＿＿＿＿＿＿＿＿＿

我們感受過最寧靜的湖面在哪裡？ _____

🖊 **沒辦法諒解，我們就可能活得像受害者一樣。然後，有個自動化的心理歷程會出現，受害者可能變成加害者，在他人身上獲得一些彌補或報復式的宣洩。我們曾在自己或他人身上，看到過這些歷程嗎？**

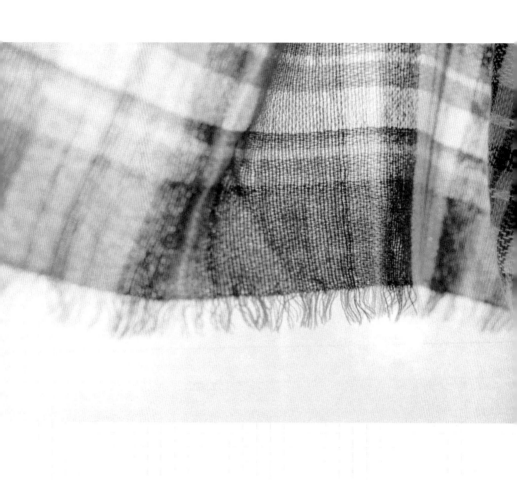

當美好成為過去，請給自己悲傷的時間，
然後告訴自己，他（她）永遠在我們的心裡。

如果我們把諒解與和解分開來看，諒解是為了自己，並不是白白要讓對方佔便宜，我們是不是比較好做到諒解？或者，我們就是打定主意不跟對方和解，在這個前提下，是不是能幫助諒解進行得比較順利？

☐ 沒辦法諒解，如果不繼續保持著恨，怕下一次再遇到同樣的狀況

☐ 諒解如果是為了自己，會比較甘願一點

☐ 從來沒想過，諒解跟和解可以分開來

☐ 如果只諒解不和解，諒解可能會比較順利

☐ 就算知道諒解對自己比較好，可是也沒那麼簡單，說原諒就原諒吧！

☐ 其他

✏️ 「時間是最好的解藥」，這句話只對了一部分。把當下
的生活過得有意義，過去就慢慢地不來為難自己。讓我
們在各種關係中找尋，那些曾經有過的傷害與背叛，當
時覺得絕對忘不了，無法原諒的回憶，有沒有哪些現在
幾乎淡得找不到痕跡？

親　　情

友　　情

愛　　情

其　　他

諒解有時奠基於充分的理解，有時則單純源自於強大的信賴──儘管不理解，但就是相信對方並無惡意。讓我們從比較容易執行的理解開始，先舉出一件難以諒解對方的事。

然後，站在對方的立場，合理化對方的行為，或者對方的「不得已」。給對方至少兩個理由，是什麼原因他非得這麼做呢？

我們覺得最好聞的味道是什麼？ _____

✏️ **如果給我們自己兩個諒解對方的理由，那會是什麼？**

在關係裡面受的傷，我們因此而付出的最慘痛代價，是我們從此不想經營關係，或失去了愛人的勇氣。我們藉著溫習憤怒與恨，要自己別再重蹈覆轍。如果我們可以不需要再對自己那麼嚴苛，下一次面對關係的時候，我們可以試著多注意什麼？

對於曾經有過的美好，
要懂得放下與轉身，見好就收。
在我們眼前的，只有半個世界，
等我們回頭，就能看見另外半個世界。

哪一種天氣我們感覺最舒適？＿＿＿＿＿＿＿＿＿＿＿＿＿＿＿＿＿＿＿＿＿

🖉 不管要不要跟對方和解，要先跟自己和解。要能跟自己
和解，先試著對自己諒解。不管關係中的痛，對方要負
多少的責任，但我們一直參與其中，很多跟我們有關的
事，其實源自於我們自己的選擇，我們很難躲過自責，
甚至自我懲罰，即便我們可能刻意忽略它。要諒解自
己，則我們得先理解自己的有限性，承認自己是有需求
的人，只是在滿足需求的過程中受到了挫折。

關係中的遺憾，跟我們的哪些需求被拒絕有關？

哪一次旅行讓我們最懷念？ _____

能跟自己和解的人，心境比較平靜，比較不會把對方的無心過失放大，來自我折磨，幫我們跟對方和解奠定了好的基礎。不管是哪一方有錯，或者雙方都有錯，和解的其中一個舉動，是道歉。

道歉要感覺真心，要能搞清楚對方的心情，以及在意的點在哪裡。我們最近道歉或是被道歉，向自己或對方說了什麼？

🖋 道歉的當下，很怕拖泥帶水不乾脆，
不但可能達不到效果，還會讓人更生氣。
我們最近道歉或被道歉的時候，
有使用或聽過下面的句子嗎？

☐「我承認我不對……，不過你也有錯……」

☐「我下次不會這麼做了……但是你也不可以這樣……」

☐「我沒有惡意」

☐「我完全都是為你好」

☐ 其他＿＿＿＿＿＿＿＿＿＿＿＿＿＿＿＿＿＿＿＿＿＿＿＿

＿＿＿＿＿＿＿＿＿＿＿＿＿＿＿＿＿＿＿＿＿＿＿＿＿＿＿＿

＿＿＿＿＿＿＿＿＿＿＿＿＿＿＿＿＿＿＿＿＿＿＿＿＿＿＿＿

（請試著寫下讓人惱怒的道歉內容或方式）

🖉 道歉的第一重點在寬心。當某方依然在情緒當中的時候，自我辯護還是等到彼此都冷靜之後再進行會比較好。先道歉的一方，並不代表要讓對方予取予求，也不是自尊就矮人一截。不過，道歉的一方還是可以在能力與合理範圍內，試著拉近與修復彼此的關係。最近我們道歉或被道歉的時候，進行了什麼活動？

☐ 看一場電影

☐ 一張道歉卡片

☐ 一個清楚說明如何不讓同樣事情再發生的承諾

☐ 送禮

☐ 旅行或出遊

☐ 暖心陪伴

☐ 其他_____

日期： _____

誰說過哪句話對我們有激勵作用？ _____

✏️ **討好跟道歉不同，那是為了博得對方的好感，
把自我都賠了進去。
等到自我掏空了，關係通常也會難以維繫。
我們曾經如此討好嗎？**

□ 為了讓對方開心所做的事，讓我們越來越不開心

□ 寧可損害自己的健康，也要配合對方

□ 我們犧牲了許多選擇機會，讓對方有更多選擇，然而對方的選擇
　　並不能讓我們感覺有意義

□ 可以由我們自己做主的事，常交給對方決定

□ 其他

_____

_____

看輕

討好式的付出，容易讓對方
與我們自己，把我們自己看輕

CHAPTER 8

鼓　　勵
與
感恩祝福

愛的力量強大，愛可以治癒許多傷口。
鼓勵、感恩、祝福，
是把愛實踐出來的其中三個選項──
無論是對自己，還是對他人。
行動能強化觀照，
讓早已存在於生活中的美好重新被我們看見。

如果感覺不到幸福，
請從微小的善意開始珍惜

　　他覺得我偶爾會使用「幸福」這個詞，過於空泛，他根本聽不懂，也不知道那是什麼。話鋒一轉，又講到在我的臉書上，最常看到「早安」這兩個字，然後是「晚安」，還有「午安」。他說，如果有五百個人跟他說早安，他不就要回到手都斷掉？

　　有時候，有一些感受性的概念，我也不知道要怎麼說到讓對方明白。像「幸福」這種事，還是要花時間去感受，或者親自體會會比較好。可是，心態沒有準備好，「幸福」也可能跟我們擦肩而過。

　　譬如說，有機會跟網路上的朋友們問好，我便覺得對我個人來說，可以算是「幸福」的狀態，特別是沒有時間壓力，可以從容地回應的時候。我是個追求生活簡單的人，如果真的面對面，不是因為工作，我也不一定會那麼喜歡跟不熟悉的人問好。

　　可是透過社群網站，我覺得我反而可以比較沒有負擔地問候，而且真的有跟人連結的感覺。我常想，還好我生在這個年代，能讓我這個孤僻的人，有機會透過這樣的方式，跟不同的朋友交換意見。真的面對面，其實會有很多更複雜的動力，影響著單純思想與

情感的交流。

　　我很感恩，能跟許多朋友用這種奇妙的方式，我能接受的方式，相互陪伴著（我也不知道這樣的問候，已經多久了，至少可以用「年」來算吧）。可是，他顯然沒辦法產生我所擁有的感覺，這沒有對錯，也許就是這種方式不適合他吧！

　　我因為對心理學理論很有興趣，所以我在理解一個理論的時候，常會拿到各種生活情境，用不同的事件來做印證。這是我長久以來的習慣，而我最近，主要是不斷試著探索阿德勒博士的「目的論」。

　　也就是，我們是先有一個目標或目的，然後我們整個生活型態，都會為了追求這個目的而統整起來，包括我們情緒的使用。換句話說，我們平常表現出來的情緒，可能是為了符合某種目的而生。

　　我不知道他的目的是什麼，但我根據一般的狀況來假設，很多人想要獲得眾人的關注與喜歡，但又沒有所謂「共同體」的意識。多一種方式來說，只想要獲得，沒那麼想付出。

　　再用另外一種方式來談「共同體」，也就是社會是一個相互合作的構成，透過我們對社會的貢獻，能在社會立足，我們能感覺到自我的價值，我們能跟他人連結，追求一種共好的實現，整體社會能藉此運轉。可是，有另外一種心理歷程，是「他要先對我好，我再看看我要不要對他好」，也就是，比較傾向於追求自己好為主，至於要不要對他人好，再看狀況，也許得到一斤，會願意給三兩。

目的出現了，情感與思想，就往這個方向前進了。以他舉的例子來說，我從來也沒有在哪一篇留言裡，跟五百個人道早安，但是他卻用這個想像出來的情境，來嚇唬自己，好像給自己的行為，一個正當的理由。

當然，這都是假設，他不見得真的是這樣。那麼，讓我們來進一步假設，假設他對於他人的善意，有一定的評量標準，這個標準以上才是善意，這個標準以下，都不值一提。說不定，有人跟我們說早安，對他來說，不是什麼重要的事，還要花時間回應，真是煩。

我們如果給「幸福」，訂了一個極為理想化的標準，理想化到生活中非常難出現。那麼，我們要感受到幸福，大概也非常困難了。

有時候，我藉著在臉書上跟朋友們的互動，會感覺我自己好像能做一些什麼有用的事。特別在我面臨挫折，好幾件事連著都出現了不如預期的結果，我藉著看臉書上的留言，讓自己靜下來，回到初衷，回到當初為什麼選擇助人工作的起心動念上。

糊口是基本的，但這個過程中，忘了初衷，忘了我們曾經為自己設的目的。那麼一時暈天轉地腿軟跌坐之後，會不知道爬起來，要往哪個方向去?!

日期：＿＿＿＿＿＿＿＿

最近有沒有哪天起床覺得神清氣爽？＿＿＿＿＿＿＿＿＿＿＿＿＿＿＿

我們認識的人裡面，哪些人曾經給過我們鼓勵？

□ 父母＿＿＿＿＿＿＿＿＿＿＿＿＿＿＿＿＿＿＿＿＿＿＿＿＿＿＿＿＿

□ 手足＿＿＿＿＿＿＿＿＿＿＿＿＿＿＿＿＿＿＿＿＿＿＿＿＿＿＿＿＿

□ 親戚＿＿＿＿＿＿＿＿＿＿＿＿＿＿＿＿＿＿＿＿＿＿＿＿＿＿＿＿＿

□ 老師＿＿＿＿＿＿＿＿＿＿＿＿＿＿＿＿＿＿＿＿＿＿＿＿＿＿＿＿＿

□ 同學＿＿＿＿＿＿＿＿＿＿＿＿＿＿＿＿＿＿＿＿＿＿＿＿＿＿＿＿＿

□ 朋友＿＿＿＿＿＿＿＿＿＿＿＿＿＿＿＿＿＿＿＿＿＿＿＿＿＿＿＿＿

□ 主管＿＿＿＿＿＿＿＿＿＿＿＿＿＿＿＿＿＿＿＿＿＿＿＿＿＿＿＿＿

□ 同事＿＿＿＿＿＿＿＿＿＿＿＿＿＿＿＿＿＿＿＿＿＿＿＿＿＿＿＿＿

□ 情人＿＿＿＿＿＿＿＿＿＿＿＿＿＿＿＿＿＿＿＿＿＿＿＿＿＿＿＿＿

□ 配偶＿＿＿＿＿＿＿＿＿＿＿＿＿＿＿＿＿＿＿＿＿＿＿＿＿＿＿＿＿

□ 孩子＿＿＿＿＿＿＿＿＿＿＿＿＿＿＿＿＿＿＿＿＿＿＿＿＿＿＿＿＿

□ 陌生人＿＿＿＿＿＿＿＿＿＿＿＿＿＿＿＿＿＿＿＿＿＿＿＿＿＿＿＿

□ 其他＿＿＿＿＿＿＿＿＿＿＿＿＿＿＿＿＿＿＿＿＿＿＿＿＿＿＿＿＿

我們對哪件事一直以來都擁有很大的熱情？ _____

✏️ **正向力量常透過相互激盪而強化，像是我們接受鼓勵，我們把鼓勵再傳遞出去，我們反而會因為給予而獲得更多。讓我們想想看，我們如何透過言語給他人鼓勵？**

☐「我還滿喜歡你處理事情的方式。」

☐「我發現其實你很努力。」

☐「我猜你覺得很困難，可是你還是盡可能做到最好了……」

☐ 其他 _____

_____

_____

善鼓勵的人常看過程，
因為結果常有起落。

學習新事物，有新的體驗，
頭腦才會靈活，心情才會愉悅，產生希望。

我們曾在誰身上感覺到慈愛？ _____

✏️ **能鼓勵人，表示我們有足夠的心量與能力，去看到他人正面的地方。這不但幫助我們自己學習成長，也能讓我們的心情更穩定。更重要的是，這代表我們不至於忽視自己，有利於自我肯定。讓我們試著在心裡鼓勵自己，看看有哪些是我們也真心認同的句子。**

☐「我昨天雖然晚睡，但今天早上還是六點半起床，真是不容易。」

☐「做完家事，能讓自己休息十分鐘，不讓自己太累，這是懂得照顧自己。」

☐「剛剛能理直氣和地把事情講清楚，又進步了喔！」

☐「今天吃飯有控制在八分飽，真好！」

☐「下午心情鬱悶，能到公園運動一小時，果然好多了，真懂得轉換心情！」

☐ 其他 _____

_____

_____

📅 日期：_____

有沒有哪一次我們被指正得心悅誠服？ _____

✏️ 即便是理所當然的事，我們也可以自我鼓勵。就像是他人對我們的付出，即使我們認為理所當然，也可以感恩。請盡可能寫出值得感恩的事，給自己一個目標，把這頁寫滿！

日期： _____

我們覺得自己最可愛的是哪個部分？ _____

🖋 **讓我們花一點時間觀想，某位我們最想感恩的人，
這能讓我們明白，我們曾經收過很棒的禮物。**

在這一刻，我們可以在心裡默念：

「願XXX（名字或稱謂）平安」。

「願XXX寧靜」。

「願XXX健康」。

「願XXX的生命輕鬆自在」。

然後，別忘了，我們能走到現在，
自己其實付出不少努力。

在這一刻，我們可以在心裡默念：

「願我平安」

「願我寧靜」

「願我健康」

「願我的生命輕鬆自在」

療癒誌

洪仲清與你書寫談心

作　　者 洪仲清

主　　編 蔡曉玲

行銷企畫 李雙如

封面設計 好春設計

內頁設計 Joseph

攝　　影 太陽的情書影像 LLFTS Photography

梳化造型 陳菲菲

發行人 王榮文

出版發行 遠流出版事業股份有限公司

地址 臺北市南昌路2段81號6樓

客服電話 02-2392-6899

傳真 02-2392-6658

郵撥 0189456-1

著作權顧問 蕭雄淋律師

2017年5月1日 初版一刷

定價 新台幣260元（如有缺頁或破損，請寄回更換）

有著作權‧侵害必究 Printed in Taiwan

ISBN ISBN 978-957-32-7969-3

遠流博識網 http://www.ylib.com

E-mail: ylib@ylib.com

國家圖書館出版品預行編目 (CIP) 資料

療癒誌 / 洪仲清著 . -- 初版 . -- 臺北市 :
遠流 , 2017.04　面 ;　公分 .
-- (綠蠹魚 ; 110)
ISBN 978-957-32-7969-3(平裝)

1. 情緒管理 2. 生活指導

176.52　　　　　　　　　　　　　106003284